ジョルジョ・アガンベン

哲学とはなにか

上村忠男訳

みすず書房

CHE COS'È LA FILOSOFIA ?

by

Giorgio Agamben

First published by Quodlibet, Macerata, 2016

哲学とはなにか

目次

凡例

一、本書は Giorgio Agamben, *Che cos'è la filosofia?* (Macerata: Quodlibet, 2016) の全訳である。
二、原文中、イタリック体の部分には傍点を付した。
三、原文中、« »で括られている語句にはおおむね「 」を用いたが、引用文には《 》を用いた。
四、[ ]の部分は原著者による注記ないし補足、〔 〕の部分は訳者による注記ないし補足である。
五、既訳のある文献については参考にしたうえで、アガンベンによるイタリア語訳の精神を尊重して、訳語ないし訳文を適宜変更した。

まえおき

ここに収録した五つのテクストはなんらかの仕方で本書のタイトル『哲学とはなにか』の問いに答えたものである。各テクストが哲学の理念をどのような意味において含んでいるといえるのかは、友情の精神をもって読んだ者にのみ、――もし明らかになるとするなら――明らかになるだろう。

言われてきたように、間違っているのか当たっているのかはわからないが、野蛮な時代にみえるこの時代のなかで書いている者は、自分の力や表現能力がそのために増大することはなく、かえって減少し摩耗してしまっていることを知らなければならない。それでも、書かないでいるわけにはいかないのだから、そしてペシミズムとは生まれつき無縁なのだから――その一方で、もっとよい時代があったことを想い起こせるとはおもえないのだが――、著者はただ自分と同じ困難を経験する者だけを――この意味においては、友人だけを頼りにできるにすぎない。

四つのテクストはここ二年間に書かれたが、「音声の経験」は一九八〇年代後半の覚え書き、したがって、「事柄それ自体」「記憶の及ばないものの伝承」「*se――絶対者と性起」(いずれもその後『思考の潜勢力』ヴィチェンツァ、二〇〇五年)〔高桑和巳訳『思考の潜勢力』月曜社、二〇〇九年〕および『インファンティアと歴史』の増補新版(トリーノ、二〇〇一年)〔上村忠男訳『幼児期と歴史』岩波書店、二〇〇七年〕に序文として配された「言語活動の経験」が生まれたのと同じコンテクストに属する覚え書きをふたたび取りあげ、新しい方向に向かって発展させている。

音声の経験

1

どの時代と場所にも、その習俗がわたしたちには野蛮にみえたり、ともかくも受け入れがたいものにみえる社会や、あらゆる規則、あらゆる文化、あらゆる伝統を問題視しようとする者たちからなる、程度の差こそあれ多数のグループが存在してきたし、現在も存在している。さらには、完全に犯罪的な社会も存在してきたし、現在も存在している。そのうえ、その実効性を万人が一致して承認するにいたっている規範とか価値といったものはなにひとつ存在しない。それでもなお、言語活動をあっさり放棄してしまおうと決意したというような共同体や社会や集団はなにひとつ存在していないし、かつて存在したこともなかったというのは、繰り返し倦むことなく省察してみなければならない事実である。言語を使用することに含まれている危険や損害について人々が歴史の過程でしばしば気づかなかったというのではない。西洋でも東洋でも、さまざまな宗教的共同体や哲学的共同体が沈黙——あるいは懐疑派の言う「アファシア aphasia〔実在は認識できないとして、断定的判断を口にするのを差し控えること〕」——を実践してきた。しかし、その場合の沈黙やアファシアは言語や理性をよりよく使用することをめざしてのひとつの試練でしかなく、どうやらどの伝統においても人間的であることと不可分離の関係にあるとみなされてきたらしい話す能力を無条件に認めないことを意味するものではなかった。

こうして、人間たちはどのようにして話しはじめたのかということにかんしてはしばしば問いが発せられ、言語活動の起源について明らかに検証不可能であらゆる厳密さを欠いたさまざまな仮説が提出されてきたが、なぜ人間たちが言語活動をいとなみ続けているのかと問われたことは一度もなかった。それでも、経験は単純明快である。もし子どもが十一歳までになんらかの仕方で言語を使う必要に迫られることがなかったとしたなら、その子どもは言語を獲得する能力を不可逆的に失ってしまうことが知られている。中世の資料がわたしたちに知らせているところによると、その種の実験をフリードリヒ二世〔神聖ローマ皇帝（一一九四—一二五〇）〕がこころみたことがあったというが、狙いはまったく別であった。言語の伝達を放棄することではなくて、逆に、まさしく人類の自然言語がなんであったかを知ることこそが狙いだったのだ。実験の結果は、すでにそれだけで問題の資料からあらゆる信憑性を奪うのに十分である。念には念を入れて言語とのあらゆる接触を奪われてしまった子どもたちは、それでもごく自然にヘブライ語を（別の資料によるとアラビア語を）話していたという。

この実験は、ナチスの強制収容所だけでなく、もっと急進的で革新的なさまざまなユートピア的共同体においても、けっしておこなわれることはなかった。だれひとりとして――人命を奪うことには一瞬たりとも躊躇することのなかったとおもわれる者たちまでもが――人間から言語を奪うという責任をあえて引き受けようとはしなかった。このことは、人間であることの資格と言葉を話すこととのあいだには不可分離の結びつきが存在することをいっさいの疑いを超えて立証しているようにみえる。人間とは言語活動をおこなう動物であるという定義において決定的な役割を演じている要素は、明らかに生ではなく、言語のほうなのだ。

しかしまた人間たちは、彼らにとって、言語活動それ自体において、彼らが言葉を話すという事実そのものにおいて、そもそもなにが問題であるのか、をけっして言うことはできないのではないだろうか。大方の場合、しばしばよく考えもせず、また言うべきことがなにもないのに言葉を発したり、あるいは悪いことをするために言葉を発したりするのがどんなに無益なことかを多かれ少なかれそれとなく気づいていながらも、彼らは性懲りもなく言葉を発しつづけており、自分の子どもたちに言語を伝達しつづけている。そのことが最高に善いことなのか、それとも最悪の不幸なのかはわからないままに。

2

理解しがたいものという観念、全面的に言語活動および理性と関係することなく存在しており、絶対に識別不可能で爾余のものといっさい無関係なままにいるという観念から始めることにしよう。そもそも、そのような観念はどのようにして生じてくることができたのだろうか。オオカミ、ヤマアラシ、コオロギでもそのような観念を抱懐することがありえたのだろうか。動物はその者にとって理解しがたい世界のなかで動いているとでも言うのだろうか。動物は言い表しえないものについて省察をめぐらせることがないように、動物を取り巻く環境も動物には言い表しえないものに映じることはありえない。環境のなかに存在するものはすべて、動物に合図を送り、動物に語りかける。そしていっさいを動物の選択と統合の行為にゆだねるのであって、そのことになんらの関係もないものは、動物にとってはたんに存在しないものでしかない。他方、神の知性は定義からして浸透不可能なものを知らず、彼の認識は制限に出遭うことがない。いっさいが――人間的なものも、不活性な物質も――神の知性にとっては可知的であり透明である。

したがって、理解しがたいものというのはもっぱらホモ・サピエンスの獲得物であり、言い表しえないものというのは人間の言語活動にだけ属するカテゴリーである、とみなければならない。人間の言語活動の特性は、人間が語る存在とのあいだに、その存在を名づけたり資質づけたりしたのちに特別の関係を確立するということである。わたしたちがどのような事物を名づけて把握しようとも、その事物は名づけられたという事実だけですでになんらかの仕方で言語活動および認識行為よりも〈先に置かれている〉（pre-supposto）こととなる。これこそは人間の言葉の根本的な志向性である。人間の言葉は、それが言葉とは関係のないものとして想定しているなにものかとすでにつねに関係しているのだ。

思考と言語活動の絶対的な始原もしくは思考と言語活動の彼方にあるものを定立するためには、言語活動のこの〈先に置く〉（presupponente）性格との関係に決着をつけなければならない。言語活動というのはつねに関係である。そして、言語活動自体を関係として前提しようとする、言語とは関係のないひとつの原理へと送り返す（あるいは、マラルメの言葉を借りるなら、《言葉はあらゆる原理の否定をつうじて発展するひとつの原理》である。すなわち、原理を前提に、アルケー〈祖型〉を仮説に変容することをつうじて発展するひとつの原理なのだ）。これこそは本源的な神話素であると同時に、語る主体が突きあたるアポリアでもある。言語活動は非言語的なものを前提にしており、この言語と関係のないものはしかしまたそれに名前を与える言語活動によって前提されている。「木」という名前よりも先に存在している木は、言語活動のなかで表現することはできないのであって、それが名前をもつことから出発してはじめて、それについて語ることができるにすぎない。

だが、そのときには、わたしたちが言語活動とはまったく関係のない存在を思考しているという場合、わたしたちはなにを思考していることになるのだろうか。思考が理解しがたいものや言い表しえないものを捕まえようとするとき、思考はじっさいには言語活動の〈先に置く〉構造、その志向性、それが関係の外にあると想定されているなにものかと関係しているという事実を捕まえようとしているのである。そして言語活動とまったく関係のない存在をわたしたちが思考することができるのは、ただ存在となんの関係もない或るひとつの言語活動をつうじてでしかないのである。

3

西洋の形而上学が構成されるのは、存在と言語活動、世界と言葉、存在論と論理学の絡まり合いを分節化する〈先に置く〉構造のなかにおいてである。「先に置かれているもの」（presupposto）という語によって、ここでは言葉のもともとの意味における「基体」を指すことにする。すなわち、スブ-イェクトゥム（sub-iectum）、先および下に横たわっていることによって、――その〈先に・下に・置く〉（pre-sup-posizione）ということにもとづいて――発話と言表の対象をなすものを構成する存在、そしてそれのほうではなんらの言表もなされえない存在（アリストテレスのいうプローテー・ウーシア πρώτη οὐσία あるいはヒュポケイメノン ὑποκείμενον）である。「先に置かれているもの」という語の適切さ。じっさいにも、「ヒュポケイスタイ ὑποκεῖσθαι」は「ヒュ

ポティテナイ ὑποτιθέναι」、字義どおりには「下に置く」の受動態完了形に該当する。したがって、ヒュポケイメノンは「下に置かれているので、述語作用の根底に横たわっているもの」を意味する。プラトンが言語の意味作用について自問したさい、《これらの名前のひとつひとつには、それぞれ独自の実体（οὐσία）が先に置かれている（ὑπόκειται）》（『プロタゴラス』三四九B）とか、《なんらかの仕方で別の名前が先に置かれている（οἷς οὔπω ἕτερα ὑπόκειται）最初の名前は、どのような仕方で存在するものをわたしたちに明示するのだろうか》（『クラテュロス』四二二D）と書くことができたのは、この意味においてだった。存在とは言語活動の（それを明示する名前の）先に置かれているもののことであって、言表されるものはその〈先に置く〉作用にもとづいて言表されるのである。

したがって、〈先に置く〉作用は言語活動と存在、名前と事物のあいだの本源的な関係を表現している。そして第一の〈先に置く〉作用は、そのような関係が存在するということなのである。言語活動と世界のあいだに関係を定立すること——〈先に置く〉ことの定立——こそは、西洋哲学がそうととらえられてきたように、組成からして人間による言語活動の能力なのだ。それは存在＝論理学（onto-logia）、存在は言表されるのであり、言表は存在にかかわってなされるという事実を指し示している。そして、この〈先に置く〉作用にもとづいてのみ、述語行為と言述行為は可能とされているのである。それは「なにものかにかんしてなにものかを言うこと」（λέγειν τι κατά τινος）の意に解された述語行為の「かんして」にほかならない。「なにものかにかんして」

（κατά τινος）は「なにものかを言う」と同じではなく、それのなかではすでにつねに言語活動と存在との存在＝論理学的な連関が前提されているという事実、すなわち、言語活動はつねになにものかの上に運んでいくのであって、空しく語っているわけではないという事実を、表明していると同時に隠蔽しているのである。

4

存在と言語活動のあいだの含意関係は、アリストテレスの『カテゴリー論』では、その成り立ちからして〈先に置く〉ことの形態をとることとなる。古代の註解者たちが同書の対象（すなわち、それがかかわっているのは言葉なのか、存在するものなのか、それとも概念なのか）を定義しようとするさいに完全に理解していたように、アリストテレスが『カテゴリー論』であつかっているのは、たんに言葉だけでもなければ、たんに存在するものだけでもなく、またたんに概念だけでもなくて、「概念をつうじて存在するものを表示するかぎりでの術語」である。或るアラブ人註解者の言葉を借りるなら、《論理学的探究がかかわるのは、術語をつうじて指示されるかぎりでの対象である。［……］論理学者がかかわる実体や物体は、質料から切り離された実体や物体でもなければ、長さと幅と厚さをもった運動する実体や物体でもなく、むしろ、或るひとつの術語、たとえば「実体」という術語によって指示されるかぎりでの実体や物体である》。この「かぎりでの」という語においてなにが問題になっているのか、名前によって指示されるという事実によって存在するものにはなにが生じるのか。これが論理学のテーマである。あるいはそうでなければならない。だが、このことは『カテゴリー論』ないしあらゆる論理学の本来の場所は言語活動と存在とが絡まり合っている場所——存在＝論理学（onto-logia）の定立される場所——であり、論理学と存在論を切り離すことは不可能であるということを意味する。存在するものであるかぎりでの存在するもの（オン・エー・オン ὂν ᾗ ὄν）と、存在するものと言われる存在するものとは、切り離すことができないのである。

この含意関係のみがアリストテレスの『形而上学』におけるウーシア・プローテー、第一次的実体の曖昧さを理解することを可能にする。この曖昧さはウーシアがラテン語でスブスタンティア substantia と翻訳されたさいにそのまま固定され、西洋哲学に遺産として伝達されてきた。そしていまもなお解決を見るにいたっていない。そこでは〈先に置く〉ことの存在論的構造が問いに付されているからこそ、最初は個物にたいして言われていたウーシア・プローテーがスブスタンティアに転化しうる、すなわち、述語行為の、つまりは「なにものかについてなにものかを言う」ことの「下にある」ものに転化しうるのである。だが、この含意関係の構造とはどのようなものなのだろうか。個別的な現実存在が、言われるものが言われるさいの前提をなす基体に転化するというのは、どのようにして可能となるのだろうか。

存在が先に置かれていないのは、それがつねにすでに一種の前言語的な直観というかたちで人間に与えられているからである。むしろ、言語活動のほうこそが、それに与えられている存在を名前のなかでつねにすでに出遭われ、先に置かれているといった仕方で分節化される――すなわち分裂させられる――のである。〈先〉（prae-）とか〈下〉（sub-）とかは、志向性の形式そのもの、存在と言語活動のあいだの関係の形式そのものに属することがらなのだ。

5

個別的現実存在であると同時に実体でもあるというウーシア・プローテーの二重の身分のうちには言語活動の二重の分節化が反映しているのであって、それはつねにすでに名前と言述、ラングとパロール、記号論的なものと意味論的なもの、意味と外示に分裂している。これらの差異を突きとめたのは近代言語学の発見ではなく、存在にかんするギリシアの省察がその経験のなかから導き出したものだった。もしすでにプラトンが名前（オノマ ὄνομα）の平面と言述（ロゴス λόγος）の平面を明確に対置していたとするなら、もろもろのカテゴリーについてのアリストテレスの列挙の基礎をなしているのは、「結合なしに言われるもの」（λεγόμενα ἄνευ συμπλοκῆς）（「人間」、「牛」、「走る」、「勝つ」）と、「結合によって言われるもの」（λεγόμενα κατὰ συμπλοκήν）（「人間は走る」、「人間は勝つ」）との区別である（『カテゴリー論』一 a 一六―一九）。前者の平面は現に進行中の言述（ソシュールのパロール、バンヴェニストの意味論的なもの）とは区別されたかぎりでの言語（ソシュールのラング、バンヴェニストの記号論的なもの）に対応する。

わたしたちは「言語」と呼ばれるものが現実に存在することに慣れてしまっており、現に進行中の言述と区別された意味作用の平面を孤立して取り出すことにいまでは精通している。そのために、この区別のなかではじめて、他のあらゆる言語活動から区別された人間の言語活動の根本的な構造が明るみに出されるのであり、そこから出発してのみ、科学とか哲学といったようなものが可能となるのだということに気づいていない。もしプラトンとアリストテレスが文法学の創建者とみなされてきたとするなら、それは、文法学者たちがのちになって言述の分析をつうじてわたしたちが言語学と呼んでいるものを構築し発話行為を解釈することができるようになったさいの土台を言語活動にかんする彼らの省察が据えたからなのだった。発話行為こそは言語と呼ばれる理性的存在者（ギリシア語、イタリア語、等々）の作動態として唯一の現実的経験にほかならないのである。

言語活動のこの根本的な分裂のうえに身を置いているからこそ、存在はつねにすでに本質と現実存在、クォド・エスト quod est〔存在すること〕とクィド・エスト quid est〔存在するもの〕、可能態と現実態に分割されているのである。存在することと存在するものの存在論的差異は、なによりも、言語および名前の平面と言述の平面を区別することができるということに基礎を置いている。前者は言述のなかで言表されることはなく、後者は前者の〈先に置く〉作用にもとづいて言表される。そしてあらゆる形而上学的省察の意義を計る尺度となるべき最終的な問題は、あらゆる言語活動の理論がそれに乗りあげて難破する危険がある岩礁を構成しているのと同じ問題なのである。すなわち、もし言表される存在がつねにすでに本質と現実存在、可能態と現実態に分裂しているとするなら、またそのことを言う言語活動がつねにすでに言語と言述、意味と外示に分割されているとするなら、ひとつの平面からもうひとつの平面へ移行することはどのようにすれば可能となるのだろうか。また、なぜ存在と言語活動はもともとこの断絶をもたらすように構成されているのだろうか。

6

アントロポゲネシス〔人間の誕生〕は、言語活動の出来《しゆつたい》とともに、ヒトという類の霊長目が語る存在に転化することによって、瞬時に達成されたわけではない。むしろ、その言語活動の出来《しゆつたい》のなかで問題になっているものについての、分析と解釈と構築の忍耐強い、何世紀にもわたる執拗な過程が必要とされたのだった。すなわち、西洋文明のようなものが誕生しうるためには、まずもって、わたしたちが語っているもの、わたしたちが語りながら作っているものが言語であること、そしてこの言語は――まったくありそうもない仮説をつうじてしか説明できない或るひとつの力によって――世界と事物を指示するもろもろの語彙でもって形成されていることを理解することが必要だったのである。このことは、大半は他の機能システム（多くは栄養摂取と結びついた）から借用された器官を使用しながら産み出された音声の途絶えることのない流れのなかで、まずは自立した意味作用を付与された部分（メレー・テース・レゼオース μέρη τῆς λέξεως 語彙）と、結合してそれらの部分を形成している要素（ストイケイア στοιχεῖα 文字）とが識別されるようになるということを含意している。わたしたちが知っている文明は、まずもって、発話行為の「解釈」（ヘルメーネイア ἑρμηνεία）、言語のなかに収容され「含意」されているとかんがえられている認識能力の「発達」に基礎を置いている。このために、まさしく、わたしたちが語りながら作っているものは言葉、文字、概念、事物の有意味的な結びつきである、というテーゼでもって始まっているアリストテレスの著作『命題論〔解釈について〕』は、西洋思想史のなかで決定的な役割を演じてきたのだった。このために、いまでは初等学校で教えられている文法は、知と認識のための基本となる学科だったのであり、ある程度まではいまもなおそうなのである（文法学的省察が知的＝認識的意義とならんで政治的意義をも有していることは言うまでもないだろう。もし人間たちが語っているのが言語であるとするなら、そして言語は一つでなく、多数存在するとするなら、そのときには複数の言語に対応して複数の国民および政治的共同体が存在していることになるだろう）。

7

言語と呼ばれる理性的存在者のパラドクス的な性質について省察してみるとよい（「理性的存在者」という言い方をするのは、言語が存在するのが知性のうちなのか、現に進行中の言述のなかなのか、それとも、たんに文法書や辞書のなかだけなのか、明確でないからである）。それは、語ることは言語の〈先に置く〉作用にもとづいてのみなしうるのであり、事物はつねにすでに事物とたんに現実的にだけでなく可能的に指示関係にある記号システムのなかで名づけられている（どのようにして、まただれによってであるかを説明することは――神話的な仕方以外には――不可能であるとしても）との想定に立って、発話行為の忍耐強い細密な分析をつうじて構築されてきたのだった。「木」という言葉が言述行為のなかで木を表示することができるのは、あらゆる現実の表示作用に先だって、またそれを超えたところで、それ自体としてとらえられた「木」という語彙が「木」を意味しているかぎりにおいてのことである。すなわち、言語活動は言述のなかでのみずからの表示力を宙づりにして事物を純粋に潜在的な仕方で辞書の形態において意味させる能力をもつこととなるかもしれないのである。これが、わたしたちがすでに想い起こさせておいたラングとパロール、記号論的なものと意味論的なもの、意味と外示の差異なのであり、言語活動を区別されながらも神秘的な仕方で交通しあっている二つの平面に取り返しのつかないほど分裂させてしまっている当のものなのである。

この言語の分裂とアリストテレスが存在の平面を分割し分節化するさいに立てている「可能態（デュナミス δύναμις）／現実態（エネルゲイア ἐνέργεια）」の存在論的断絶とが連関していることは、すでにプラトンにおいてデュナミスという語の基本的な意味のひとつが「或る言葉の意味論的価値」であることを想い起こすなら、いっそう明らかとなる。言語による意味表示作用を二つの区別された平面に分節化することには、存在論的な〈先に置く〉ことの運動が対応しているのだった。本質が現実存在よりも先に置かれており、可能態が現実態よりも先に置かれているように、意味は外示よりも先に置かれており、ラングはパロールよりも先に置かれているのである。だが、まさにここで万事が錯綜してくる。じっさいにも、意味と外示、言語と言述はそれぞれが二つの相異なる平面に横たわっていて、一方から他方へのいかなる移行もなしえないようにみえる。語ることは言語の〈先に置く〉作用にもとづいてのみなしうるが、言語のなかで「呼ばれ」名づけられていたものを或る言述のなかで言うこと、このことは本来不可能である。記号論的なものと意味論的なものとのあいだには乗りこえがたい対立があるのであって、これに乗りあげてバンヴェニストの思想は難破してしまったのだった（《記号の世界は閉じている。記号から文への移転は存在しない。［……］ひとつの断絶が両者を分離している》）。あるいは、ウィトゲンシュタインの場合には、名前と〈先に置く〉作用とのあいだには対立が存在しているのである（《対象については、わたしはそれらを名づけることができるにすぎない。記号がそれらの代わりをする。わたしはそれらについて語ることができるにすぎず、表現することはできない》）。言語についてわたしたちが知っているものはすべて、それをわたしたちは言葉から出発して習得したのであり、言葉についてわたしたちが理解しているものはすべて、それをわたしたちは言語から出発して理解するのである。こうして、言語をつうじての発話行為の解釈《ヘルメーネイア》こそが知と認識を可能にするのではあるが、それはまたしかしながら、究極的には、発話することの不可能性へと導いていくのである。

8

言語活動のこの〈先に置く〉構造には、その存在様式の独自性が対応している。そして、その独自性は名づけられた事物を存在させるためには言語活動は退去させられなければならないという事実のうちに存している。スコトゥスが関係を「きわめて弱いもの」（ens debilissimum）と定義し、このためにそれは認識するのがこんなにもむずかしいのだと付言するとき、念頭に置いているのは、言語活動のこの性質にほかならない。言語活動が存在論的にきわめて脆弱であるのは、それが名づける事物のなかに消えてなくなるしかなく、さもないと、その事物を明示し覆いを剥ぎ取るどころか、その事物を把握するうえでの障害になってしまいかねないという意味においてなのである。しかしまた、まさにこのことのうちに、すなわち、それが名づけ言表するもののうちに知覚されず言表されることのないままにとどまっていることのうちに、その特別の力は宿っているのである。マイスター・エックハルトが書いているように、もしわたしたちが事物を認識するさいの回路となる形式がそれ自体なにものかであったとしたなら、それはわたしたちを自己認識へと導いていき、わたしたちを事物の認識から逸らしてしまうだろうからである。それ自体が事物として知覚され、わたしたちをわたしたちに開示されるはずの事物から分離してしまうという危険は、しかしながら最後まで言語活動ともともと性質を同じくしているものとして残る。自分以外のものについては言う一方で自分についてはいうことができないということ、それがつねに脱我状態で自分以外のものの代理をしているということは、人間による言語活動の見紛いようのない印であると同時に本源的な汚点でもある。

そしてきわめて弱い存在であるというのは、言語活動だけでなく、それのなかで産み出され、それについてなんらかの仕方で解決にいたらなければならない主体もまたそうである。じっさいにも、主体は動物が言語活動に出会うたびに、そして言語活動のなかで「わたし」と言うたびに生じる。しかし、まさに言語活動のなかで、また言語活動をつうじて産み出されているために、主体にとっては、みずからが生起したことを把捉するのはこんなにも困難なのである。その一方で、言語も、話者が発話行為のなかでそれを引き受けないかぎり、生存することもなければ活性化されることもないのである。

西洋哲学は、これら二つのきわめて弱い存在の接近戦から生じてくる。これら二つの存在は、一方が他方のなかで生起しては不断に一方を他方のなかで難破させる。そして、このために、互いに把握しあい理解しあおうと執拗に努力を重ねるのである。

9

まさしく、存在は言語活動のなかで与えられるのだが、言語活動はそれが言表するもののなかに言表されないままになっているために、存在は話者にとっては時代の画定がなされた歴史のなかで指名され露呈されることとなる。言葉《ロゴス》の有する歴史化的かつ時間生成的な力は、その〈先に置く〉構造とその存在論的な脆弱さの所産である。それが開示するもののなかに隠蔽されたままになっているかぎりで、開示するものは存在を歴史的に露呈されるものとして構成する。その時代ごとに露呈される姿態のそれぞれにおいて、到達もできなければ言及もされないままにとどまっていながらである。そして、この意味において言語は歴史的な存在であるかぎりで、二千年来西洋哲学を支配している解釈《ヘルメーネイア》は、言語をラングとパロール、共時態と通時態とに分割してしまったためにけっして一挙的な解決にいたることができないでいる言語活動の解釈であることとなる。また、存在と言語がそれらの歴史的展開よりも先に置かれたままになっているように、〈先に置く〉ことは西洋が政治について思考してきた仕方をも規定している。じっさいにも、言語活動において問題となっている共同体は、歴史的アプリオリないし根拠という形態で先に置かれている。問題となるのがエスニックな実体であれ、言語であれ、契約であれ、いずれの場合にも、共同的なものは到達しえない過去という形象をおびることとなる。そして政治的なものを「すでにあった状態」（stato〔国家〕）として定義するのである。

この西洋の存在論と政治の基本的な構造がその生命力を消尽してしまったことを多くの徴候が示唆している。《理解することのできる存在は言語的存在である》という言わずもがなの事実を主題的に定式化するとき、二十世紀の思想はドイツ観念論がすでに確言し留保なく意識にもたらしていた《人間のあらゆる自然的な関係もしくは活動、人間が感知し直観し願望すること、および人間のあらゆる欲求とあらゆる本能には》言語活動がもともと内在しているということを主張する以外のことをしてこなかったのだった。このように見た場合には、比較文法学の誕生とインド＝ヨーロッパ語族の仮説がヘーゲル哲学と時代を同じくしているという事実、それどころか、ヘーゲルの『論理の学』の最終巻がフランツ・ボップの『サンスクリットの動詞活用組織について』と同じ年（一八一六年）に出版されたという事実は、たしかにたんなる偶然の一致ではない。インド＝ヨーロッパ語は――これを言語学者たちはさまざまな歴史的言語の忍耐強い形態学的・音声学的分析をつうじて再建してきた（あるいはむしろ製作してきた）のだったが――、それ以外の諸言語と同質で、ただ出自が古いだけの言語ではない。それはなにか絶対的なラングのようなものであって、だれもこれまでけっして語ったことがなく、これからもけっして語ることがないだろうが、そのようなものとして、西洋の歴史的・政治的なアプリオリを構成しており、西洋の多様な言語および多様な民族の統一と相互的理解可能性を保証することとなるという。ヘーゲルが人類の歴史的命運は完了の域にまで達し、宗教、芸術、哲学の歴史的な力は絶対的精神のうちに溶解して実現を見るにいたったと主張したように、西洋をその言語に内包されている認識能力の十全な自覚へと導いていった過程はインド＝ヨーロッパ語の建設作業において頂点に達したのだった。

言語学が十九世紀と二十世紀のあいだに人間諸科学のパイロット的な学科となるのは、このためである。またそれがバンヴェニストの仕事のなかで突然力尽きて難破してしまったことが西洋の歴史的命運に生じた画期的な変化に対応しているのも、このためである。西洋は、その言語に記入されていた潜勢力を実現してしまって、いまでは、その勝利の印であるとともに終焉の印でもあるグローバリゼーションへとみずからを開かなければならなくなっているのだ。

10

わたしたちはここにいたって、言語活動の起源にかんして、もはや他の仮説のように神話的ではない仮説を提示することができる（哲学におけるもろもろの仮説は必然的に神話的な性格を有している。すなわち、それらはつねに「物語」なのである。そして思考の厳格さはまさしくそれらをそのようなものとして承認し、それらを原理と取り替えないことにあるのだ）。やがてホモ・サピエンスとなる霊長目は、すでにつねに――すべての動物と同様――わたしたちが知っているものとはたしかに異なっているが、おそらくさほど似ても似つかぬものではない言語を与えられていたのだった。そこで起こったことはなにかといえば、ヒトという類の霊長目はある時点にいたって――その時点はアントロポゲネシス〈人間の誕生〉と一致するのだが――言語をもっていることを自覚するようになったということだった。すなわち、言語を自分から切り離され外在化されたひとつの対象として捉えたうえで、それを考察し分析する仕事に着手し、或るひとつの不断の過程のなかで錬成していったのだった。その過程では、哲学、文法学、論理学、心理学、情報科学が入れ替わり立ち替わり出現しては退場していった。そして、その過程は、おそらくいまもなお完了してはいないのである。みずからの言語活動を自分の外に追放してしまったために、人間は――他の動物たちとは異なって――それが母親から子どもへと身体外的な回路をつうじて伝達されていくのを習得しなければならなくなり、世代が経過するなかで言語はバベルの塔の神話が語るような大混乱におちいって分割され、場所と時代に応じて漸次変化していった。また、人間は彼の言語を自分から切り離して歴史的な伝統にゆだねてしまったために、言葉を話す人間にとっては、生と言語活動、自然と歴史は分割されると同時に互いに節合しあうこととも なった。いったんは外部へと追放されてしまった言語は、音素、文字、音節をつうじて音声のなかに書き込みなおされる。こうして言語の分析は分節化された音声（フォーネー・エナルスロス φωνὴ ἔναρθρος——動物の分節化されていない音声に対置された人間の分節化された音声）の分析と一致するようになるのである。

このことは、言語活動は人間の発明したものでもなければ神からの贈り物でもなく、両者の中間物であって、自然と文化、身体内的なものと身体外的なもの（この両極性に人間の言語活動のラングとパロール、記号論的なものと意味論的なもの、共時態と通時態への分裂は対応している）の無区別地帯に位置しているということを意味している。また、人間はたんにホモ・サピエンス homo sapiens であるわけではなく、なによりもまずもってはホモ・サピエンス・ロクエンディ homo sapiens loquendi であるということ、たんに語るだけでなく、語ることを知っている動物であるということを意味している。言語についての知識は——その最も初歩的な形態においても——必然的に他のあらゆる知識に先行していなければならないという意味においてである。

いまわたしたちの眼の前で起きつつあることは、いったんは卓越して人間性に特有のもの cosa（すなわち、語源学によると「原因・根拠 causa」）として外在化されてしまった言語活動が、どうやらそのアントロポゲネシスの行程をたどりおえ、それがそこから出てきた自然に立ち戻ろうとしているらしいということである。じっさいにも、比較文法学の——すなわち、言語の理解を保証するはずだった知識の——プロジェクトが実施されつくしたあと、それにつづいて生成文法が——すなわち、言語の地平はもはや歴史的および身体外的なものではなく、究極的には動物学的で生得的なものであるとするとらえ方が——出てくるのだった。こうして、言語の歴史的潜勢力の評価に取って代わって、どうやら人間の言語活動をむしろ動物の言語活動を想起させる伝達コードのなかに固定しようとする情報化のプロジェクトが登場しているらしいのだ。

11

そのときには、なぜ人間の言語活動が他の動物の言語活動には見られない一連の分裂をそもそもの始まりから経由してきたのか、その理由が了解される。名前と言述との分裂のことを想い起こしてみよう。この分裂については、すでにギリシア人もローマ人も明確に認識していた（プラトンにおける *ὄνομα*〔名前〕と *λόγος*〔言葉〕、アリストテレス『カテゴリー論』一a一六—一八における *λεγόμενα ἄνευ συμπλοκῆς*〔結合なしに言われるもの〕と *λεγόμενα κατὰ συμπλοκήν*〔結合によって言われるもの〕、ウァッロ『ラテン語について』八・五—六における nominum impositio〔命名〕と

declinatio〔語形変化〕）。そして、これになんらかの仕方で対応しつつ、ソシュールにおけるラングとパロール、およびバンヴェニストにおける記号論的なものと意味論的なものの分裂にまで連なっていくのである。話者は名前を発明しているわけではなく、名前は話者から動物の音声のように湧き出てくるわけでもない。話者は名前を身体外的な伝達と教育をつうじて受けとることができるにすぎない。その一方で、言述のなかでは、人々は説明を受けるまでもなく互いに理解しあっている。そして言語活動の二つの平面のこのような分裂の結果、そこからは一連のアポリアが生じてくることとなる。一方では、言語活動は名前による制約を受けている世界との関係を解決することができない（そして名前の意味を理解するためには説明してもらわなければならない、とウィトゲンシュタイン『論理哲学論考』四・〇二六は書いている）。他方では、バンヴェニストによると、名前の記号論的な平面から命題の意味論的な平面へと移行する手立てはなく、この結果、発話行為は不可能になってしまうのである。

これらの分裂を引き起こしたアントロポゲネシスという出来事の特性について省察してみよう。人間がその本来の自然本性に――人間をゾーオン・ロゴン・エコン ζῷον λόγον ἔχον〔言葉を話す動物〕およびアニマル・ラティオナーレ animal rationale〔理性的動物〕として定義する言語活動に――接近するのは、歴史的にのみ、すなわち、身体外的伝達をつうじてである、というのがそれである。じっさいにも、もしこの接近があらかじめ排除されてしまっていたなら、人間は言語の使い方を習得する能力を失い、本来の意味では、あるいはいまなお、人間的ではない存在として立ち現われることとなる（啓蒙時代の人々をあんなにも動揺させた enfants sauvages〔野生児〕およびオオカミに育てられた子どものことを考えてみるとよい）。このことは、人間のなかでは——すなわち、歴史をつうじてみずからの自然本性に接近する動物のなかでは——人間的なものと非人間的なものとがなんらの自然的な分節化をともなうこともなく対峙しあっているということ、両者のあいだの歴史的な分節化を開発し建設することから出発してはじめて、なにか文明のようなものは生じうるということを意味している。哲学および文法的省察がなしうる特別の寄与は、この分節化の場所を音声のうちに識別し構築することであろう。

アリストテレスの論理学的著作、すなわち、認識の「道具」としての言語についての最初の最も広範な解釈の集成が『オルガノン』というタイトルを受けとってきたのは、偶然ではない。この語は技術的な道具を意味すると同時に身体の一部〔器官〕をも意味しているのである。じっさいにも、アリストテレスは『命題論』の冒頭（一六a三以下）で言語活動に言及したさい、「音声のうちにあるもの」（τὰ ἐν τῇ φωνῇ）という言い方をしていて、そうと期待されてもよかったように、そして直後にはそう書いているように、たんに「音声」（φωναί）とは言っていない（「音声のうちにあるもの」は魂のうちに刻印されたものの象徴であり、書かれた文字は「音声のうちにあるもの」の象徴である、と彼は書いている）。言語活動は音声のうちにあるが、音声ではない。それは音声の場所のうちに、そして音声に代わって、存在しているのだった。このためにアリストテレスは、『政治学』（一二五三a一〇—一八）において、快楽と苦痛の直接的な徴候である動物の音声《フォーネー》を、正と不正、善と悪を表明することができ、政治的共同体の基礎をなしている人間の言葉《ロゴス》に対置しているのである。アントロポゲネシスは、動物の音声《フォーネー》が分裂し、音声《フォーネー》の場所自体のうちに言葉《ロゴス》が置かれるようになるのと同時に起きたのだった。言語活動は音声の非場所のなかで生じるのである。そしてこのアポリア的状況こそは、言語活動を動物にきわめて近接したものにすると同時に動物から埋めがたい距離によって切り離しているところのものなのだ。

12

音声《フォーネー》のうちにあっての言葉《ロゴス》の特別の位置についての――ひいては音声と言語活動の関係についての――分析は、西洋が言語活動つまりは人間という動物が語る存在であることについて思考してきた仕方を理解するための予備的な条件である。このことは、アリストテレスの『命題論』が目標にしていたのは言葉と概念と事物の連関を確固たるものにすることだけではなくて、それよりもまえに――音声のうちに言語活動を位置づけることによって――動物とその言語との連関を確固たるものにすることであったことを意味している。言語の分析は音声の分析を前提としているのである。

すでに古代の註解者たちも「音声のうちにあるもの」という表現の意味について問うていた。

アンモニオスは、なぜアリストテレスは《音声のうちにあるものは魂のうちに触発されて存在しているものの象徴である》と書いたのかと問うて、こう答えていた。すなわち、アリストテレスが「音声のうちにあるもの」と言って「音声」とは言っていないのは、《音声と言うことと名前および言葉と言うこととは別のことがらであることを示すためであり、人間の約定によって象徴であるということは剥き出しの音声に（τῇ φωνῇ ἁπλῶς）属することではなく、名前と言葉に属することであるということを示すためである。音声を発すること（φωνεῖν）は、見たり聞いたりすることもそうであるが、自然に（φύσει）生じる。しかし、これにたいして、名前と言葉は、音声を素材に使って（ὕλῃ κεχρημένα τῇ φωνῇ）、わたしたちの理解力が産み出すのである》と（Ammonios 1897, p. 22）。動物の音声（《剥き出しの音声》）ではなく、名前と言葉で形成されている人間の言語活動に——とアンモニオスはここではアリストテレスの意向に忠実にしたがって示唆している——事物を（自然にではなく、約定によって）表示する能力は属している。しかしまた言語活動は音声のなかで生じるのであり、約定によって存在するものは自然に存在するもののうちに住まっているのである。

『命題論』で言語活動と魂のうちに触発されて存在しているものと文字と事物のあいだの意味論的な叢を描写したのち、アリストテレスは突然論述を中断して、それを『魂について』に送付している（《これらのことにかんしては『魂について』においてすでに述べられた。これは別の問題に属することであるからである》『命題論』一六a九）。『魂について』のなかでアリストテレスは声を《魂をもつものの発する音（ψόφος ἐμψύχου）》と定義していた。そして、《魂をもたないものはどれも声を発することはなく、それらが「声を発する」と言われるのは、笛や琴の場合がそうであるように、たんに類似性にもとづいてのことであるにすぎない》とことわっていた（『魂について』四二〇b五）。その二、三行後でも定義は繰り返され、さらに具体的な説明が付加されている。《したがって、声は動物の発する音（ζῴου ψόφος）であるが、任意のどの部分を使っても発せられるというものではない。あらゆる音は或るものが或るものを或るもののなかで、つまりは空気のなかで打つことによって産み出されるのであるから、空気を受け入れることができる動物だけが声を発するということになる》（『魂について』四二〇b一四―一六）。しかし、この定義は彼には満足のゆくものでないようにおもわれたにちがいなかった。というのも、ここにいたって彼は言語活動にかんする省察の歴史のなかで決定的な影響力を行使することとなる新しい定義を口にしているからである。《すでに述べたように、動物の出すすべての音が声なのではなく（なぜなら、舌を用いても、また人々が咳をするときのように舌を用いない場合でも、音を発することなら可能だからである）、打つもののほうが魂をもっており、またなんらかのファンタシア〔表象〕の作用をともなっている（μετὰ φαντασίας τινός）ことが必要である。声はまさしく意味表示機能をもつ音（σημαντικὸς ψόφος）だからである》（『魂について』四二〇b二九―三二）。

　言語活動を音声から区別するものが言語活動の意味論的性格（すなわち、それがここでファンタシアと呼ばれている魂のなかでのもろもろの触発状態に結びついていること）であるとして、アリストテレスは意味表示機能をもつ言語活動のなかでなにが動物の音声を構成しているのかを明確にしていない。そして、ここにおいて、『命題論』では意味論的な叢のなかで音声のうちにある象徴としてのみ列挙されていた文字《グランマタ》が規定的な役割を担って介入してくる。文字はたんに音声の象徴ではなくて、音声を意味表示的で理解しうるものにするストイケイア（στοιχεῖα）〔基本要素・字母〕（文字を指すもうひとつのギリシア語）である。《字母（στοιχεῖον）は》と『詩学』は明言している、《それ以上分けることのできない音声であるが、分けることのできない音声であればどれでもよいというのではなく、それからひとつの合成された〔理解可能な〕音声（συνθετὴ γίγνεσθαι φωνή）が生じるような性質のものである。動物も分けることのできない音声を発するが、そのどれもわたしは字母と呼ばない。合成された音声の要素には、有声のもの〔母音〕（φωνῆεν）、半ば有声のもの〔半母音〕（ἡμίφωνον）、無声のもの〔黙音〕（ἄφωνον）がある》（『詩学』一四五六b二二―二五）。同じ定義は『形而上学』でもなされている。《音声のストイケイアというのは、その音声がそれらから合成されていて、その音声が分割されたさいに最後に残る部分のことである》（『形而上学』一〇一四a二六）。また『問題集』でもなされている。《人間は多くの文字を産み出すが、他の動物は一つも産み出さないか、せいぜい二つか三つの子音を産み出すにすぎない。子音は母音と結合して話を形成する。言葉を語る（λόγος）というのは、音声でもって意味表示することではなく、音声によって触発されたもの（πάθεσιν）でもって意味表示することをいう》（『問題集』一〇・三九、八九五a七以下）。さらに動物にかんする諸著作は文字を産み出すにあたって舌と唇のはたしている機能を強調している。《音声をつうじてなされる言語活動はもろもろの文字から合成されている。そして、もし舌がいまあるように作られていなかったとしたなら、また唇が湿っていなかったとしたなら、文字の大部分は発音することができなかっただろう。なぜなら、文字のいくつかは舌を打ったり唇で結合したりすることから生じているからである》(『動物部分論』六五九b三〇以下)。やがて文法学者たちが彼らの学の専門術語のなかで構成することとなる言葉を用いて、このようにして音声のなかに文字が記載されることとなる事態は「分節化」(διάρθρωσις)と定義されている。《声(φωνή)と音(ψόφος)は別ものである。そして、これら以外に、第三のものとして言葉(λόγος)がある。［……］言葉は声が舌によって分節化されたものである。声と咽頭は母音を発し、舌と唇は子音を発する。そしてそれらから言葉は産み出される》(『動物誌』五三五a以下)。

さて、『命題論』の冒頭でなされている言明に戻るなら、アリストテレスがそこで定義しているのはヘルメーネイア、音声のうちにあるものと文字と魂のうちに触発されて存在しているものと事物のあいだで展開される解釈の過程である、と言うことができる。しかし、決定的な機能——音声を意味表示するものにさせるという機能——はまさしく文字に属している。究極的にして第一の解釈者は文字《グランマ》なのだ。

13

こうした記述を時は外見上自明のものにしてきた。しかし、そうした外見のもとにあって、これらの著作において遂行されている西洋文化の歴史にとって決定的な操作のことを振り返ってみよう。フォーネーとロゴス、動物の音声と人間の言葉は相違しているが、局部的に人間のなかでは合致している。言葉は音声の「分節化」をつうじて産み出される。そして「分節化」とは音声のなかに文字《グランマタ》が記入されるということ以外のなにものでもないのであって、文字には音声の象徴であると同時に要素《ストイケイア》であるという特権的な身分が属している（この意味では、文字は自己自身を指示する指標、index sui である）。このアリストテレスの定義は古代の文法学者たちに受け入れられ、キリスト暦一世紀と二世紀のあいだに哲学者たちの考察に体系的な学の性格を与えることとなった。文法学者たちも彼らの論述を音声の定義から始め、動物たちの「不明瞭な音声」（φωνὴ συγκεχυμένη）を人間の「分節化された〈明瞭に発声された〉音声」（φωνὴ ἔναρθρος, vox articulata）から区別している。しかし、ここにいたって、人間の音声の分節化された性格はどこにあるのか、と尋ねられると、文法学者たちはつぎのように答える。分節化された音声とは単純に“φωνὴ ἐγγράμματος”〈文字化された音声〉、すなわち、ラテン語に訳すと“vox quae scribi potest”〈書き記すことのできる音声〉あるいは“vox quae litteris comprehendi potest”〈文字をつうじて把握することのできる音声〉のことである。これにたいして、不明瞭な音声とは、動物たちの、書き記すことのできない音声（《馬のいななき、犬の吠える声、猛獣の咆哮》）のことである。あるいは、人間の声のうちでも、《笑い声とか、口笛の音とか、すすり泣く声など》の、書き記すことのできない部分である、と（これに、音声のうち、耳が聴きとることができるが文字にすることはできない響きを付け加えてもよいかもしれない）。

したがって、分節化された音声というのは、フォーネー・エングランマトス（φωνὴ ἐγγράμματος）、文字をつうじて転写され把握された――つまりは捕縛された――音声以外のなにものでもない。すなわち、人間の言葉は、動物の音声に操作をほどこし、それのうちに文字《グランマタ》を要素《ストイケイア》として書きこむことをつうじて構成されるのである。ここにわたしたちは生を政治のなかに捕縛することを可能にしているエクスケプティオー（exceptio）――包摂的排除――の構造をふたたび見いだす。人間の自然的な生がそれ自身を剝き出しの生のかたちで排除することをつうじて政治のなかに包摂されるように、人間の言葉（それは、アリストテレスの『政治学』一二五三a一八によると、政治的共同体を創建するものでもあるという）は、（アンモニオスの言葉を借りるなら）「剝き出しの音声」（φωνὴ ἁπλῶς）を言葉《ロゴス》のなかに排除=包摂することをつうじて生起する。このようにして、歴史は自然のうちに、身体外的伝統は身体内的伝統のうちに、政治的共同体は自然的共同体のうちに根ざしているのである。

ℵ　ジャック・デリダは『グラマトロジーについて』の最初の部分で、音声の特権にたいしてエクリチュールの権利主張をおこなうというプログラムを言明した直後に、西洋の形而上学を定義している音声とロゴスの《本源的な結びつき》と《本質的な近さ》が主張されているアリストテレスの『命題論』のくだりを引用している。《アリストテレスにとって、「音声のうちにあるもの」（τὰ ἐν τῇ φωνῇ）は魂のうちに刻印されたもの（παθήματα ἐν τῇ φωνῇ）の象徴であり、書かれた言葉は声によって発せられた言葉の象徴であるとするなら、それは最初の象徴を産み出す声が魂と本質的かつ直接的な近接関係をもっているからにほかならない》（Derrida 1967, pp. 22–23）。もし音声のうちにあって文字が置かれている状況についてのわたしたちの分析が正しいとするなら、このことは西洋の形而上学はその本源的な場所に音声ではなく文字《グランマ》を置いているということを意味する。ひいては、デリダの形而上学批判はアリストテレスの不十分な読解にもとづいていることとなる。デリダは『命題論』において文字《グランマ》の有している本源的な身分について問うことをし忘れてしまっている。形而上学はつねにすでにグラマトロジーなのであり、グラマトロジーは基礎論の地位を占めているのである。言葉《ロゴス》は音声《フォーネー》の非場所において生起することからして、音声ではなく、文字にこそ、否定的な存在論的基礎づけの機能は属するからである。

14

ここでわたしたちはわたしたちの文化が言語活動をとらえるさいにアルファベット文字が基本的な影響をおよぼしてきたゆえんを把握することができる。じっさいにも、アルファベット文字のみが――ギリシア人はそれを発明したのはカドモスとパラメーデースという二人の文明化英雄だとしていた――、自分たちは音声を捕縛し、文字《グランマタ》のなかに収容し転写した、という幻想を産み出すことができるのだった。アルファベット文字と哲学者ついでは文法学者によるその解釈《ヘルメーネイア》によって可能とされてきた言語の捕縛のあらゆる意味において創建者的な重要性を十分に考慮するためには、文字は音声のうちにその構成要素として完全に識別しうるという、二千年におよぶ文法教育の成果でもある素朴なとらえ方から解き放たれる必要があるのだ。

このような見方に立つなら、文法学のうちでも言語活動を構成している（まさしく「分節化された音声」であるかぎりにおいての）音の分析に専念している部門――音声学――の歴史ほど教訓的なものはない。近代の音声学は当初、文字をそれらの分節化〔調音〕の様態にしたがって分析することに集中していて、唇音、歯音、口蓋音、軟口蓋音、唇軟口蓋音、喉頭音、等々に区別していた。その記述の細密さたるや、医師でもあった或る音声学者が、もしほんとうに語る主体が喉頭音なるものを音声学の著作のなかで記述されているとおりに発音したなら、その人物は窒息して死んでしまうだろう、と書くことができたほどであった。調音音声学が危機的状況におちいったのは、調音器官が障害を受けても、話者が別の様態で発音することに成功していることに気づくようになったときであった。

分節化〔調音〕点にしたがった音の分析を放棄することによって、音声学は音の厳密に聴覚的な内実へと関心を集中していった。そして言語の有声組織を科学的に確認することのできる多様なデータへと解体して分析することに成功するようになった。しかし、音声の産み出す音波の分析が洗練されたものになればなるほど、文法学の伝統が同定してきた文字《グランマタ》の要素《ストイケイア》を明確に仕分けすることが不可能になっていった。すでにソシュールは一九一六年に、わたしたちにはＦ—Ａ—Ｌという連続音のようにみえるものを産み出す発話者の口、舌、声帯の動きをフィルムをつうじて再生することができたとしても、それを構成している三つの要素を分割することは不可能だろう、と述べていた。それらはじっさいには分解しがたく絡まり合っていて、Ｆが終わってＡが始まる点を取り出すことはできない、というのだった。そして一九三三年にドイツの音声学者パウル・メンツェラートによって実現されたフィルムは、聴覚的観点からもソシュールの指摘を確証していた。発話行為のなかでは、音は継起的に発せられるのではなく、互いに絡まり合い、緊密に結合しているため、わたしたちが形態学のレヴェルでも音声学のレヴェルでも区別することができると思いこんでいるもろもろの単位は、じっさいには完全に途絶えることのないひとつの流れを構成しているのである。

言語活動を構成している音を調音の観点からも音響の観点からも区別することが不可能である

という自覚は、音韻論の誕生を必然的なものにしてきた。音韻論はパロールの音（これについては音声学が取り組んできた）をラングの音（これは音素、純粋に非物質的な対立物であって、音韻論の対象である）からはっきりと切り離す。古代思想から新文法学者たちの音声学まで問題にされることがないままになっていた言語と音声の紐帯が断ち切られたことによって、発話行為にたいして言語が自立した位置にあることが明らかになる。それでもなお、一方では、音韻論が文字《グランマタ》は音声の痕跡および書記ではないという事実に留意しているとするなら、他方では、それは音素をつうじて一種の原グランマのようなものを純粋に否定的かつ示差的なかたちで保持している。このことによって、言葉《ロゴス》が音声《フォーネー》のうちに置かれているというアポリア的状況から生じた困難は解決されることなく、ラングとパロール、あるいは記号論的なものと意味論的なもののあいだの不可能な分節化の平面で再提起されるにすぎない。

ℵ　人間の音声は把握しがたいという性格をもっていること、そして文字をつうじてそれをなんらかの仕方で理解しうるものにしようとこころみても空しいことは、すでにプラトンも指摘していた。そしてこの場合も、言語活動についてのアリストテレスの解釈とロゴス〔言葉〕がグランマタ〔文字〕のうちに置かれているという指摘はプラトンから出てきているのである。《神あるいは神のような人（エジプトではこれをテウトだとする伝説がある）が》と『ピレボス』のなかでソクラテスは言っている、《無限にある音声（φωνὴν ἄπειρον —— ἄπειρον は字義どおりには「経験しえない、実践しえない、出口がない」に当たる）に気づいたとき、そしてはじめて、この経験しえないもののなかにあって（ἐν τῷ ἀπείρῳ）母音が一つではなく、もっと多いこと、さらにまた本来の意味では音声に属さないが音を響かす別のものがあって、これにも一定数あることを知ったとき、このことに留意したあとで、第三の種類の文字、今日ぼくらが無声音〔黙音〕（ἄφωνα）と言っているものを切り離した。それから今度は、これらの無声の文字にも区分をおこなって、それぞれの単位にまでいたった。また母音にも母音と無声音の中間のものにも同じ方法による区分をおこない、ひとたびその数がわかると、それぞれに字母《ストイケイオン》という名前を与えた。それから、これらの一つだけを、他のすべてとは無関係に、ただそれ自体として学ぶというようなことはだれひとりとしてなしえないのを見てとり、また、そのことから、なんらかの仕方でそれらすべてを統合している一個の結びつき（δεσμόν）が存在すると論じて、それらに文法と呼ぶひとつの技術を適用したのだよ》（『ピレボス』一八B五—D二）。

　このように音声が経験しえないものであるということから、プラトンは文字《グランマタ》の必要性ではなく（それどころか、『ピレボス』では、彼はテウトの考案物を人々から記憶力を失わせるといって断固として批判している）、イデアの理論の必要性を演繹したのにたいして、アリストテレスは留保なくテウトのエジプト的範型を踏襲し、イデアを意味論的な叢から余分なものであるとして一貫して追放してしまうのである。

15

もしアントロポゲネシス――およびそれを記憶にとどめ守護して不断に再現実化する哲学――が言葉《ロゴス》をアポリア的なかたちで音声《フォーネー》のうちに置く言語の経験（experimentum linguae）と一致するとするなら、そして西洋の歴史を支配してきたこの経験についての解釈《ヘルメーネイア》がどうやら限界に達したようにみえるとするなら、そのときには、今日問われざるをえないものは音声の経験（experimentum vocis）である。この経験のなかで人間は言語活動が音声のうちに置かれている状況を根本的に問題に付し、自分が語る存在であることを最初から引き受けなおそうとこころみる。じっさいにも、完了の域に達したのは、人類の自然史ではなく、言葉《パロール》を言語《ラング》として――すなわち、文字《グランマタ》をつうじて音声のなかで生起する語彙、概念、事物、文字の意識的な絡まり合いとして――解釈することが西洋の命運となってきた、このうえなく特殊な、時期を画定された歴史なのであった。したがって、その音声の経験の可能性とそれが意味するものをつねに新たに問い、その場所と系譜を探し出して、文字《グランマタ》とそれらに依拠した知にたいして、音声が経験しえないという事実を解決する別の仕方がないかどうか、問うてみる必要があるのだ。それは、わたしたちの文化においては、言うことのできないものを言おうとして必然的に矛盾に巻きこまれてしまうこととならざるをえないような異様で周縁的な現象などではない。むしろ、それは思考の物自体なのであり、わたしたちが哲学と呼んでいるものをつくりあげている構成的な事実なのである。

バンヴェニストは、記号論的なものと意味論的なもののあいだの乗りこえられない分裂を定式化していたのと同じころ、「言表の形態的装置」にかんする論考を書いていた。そして、そこでは、「わたし」「あなた」「ここ」「いま」「これ」等々のシフター〔転換子〕をつうじて、辞書的現実にではなく、みずからが純粋に生起する状態に言及する言語活動の能力が探究されていた。「わたし」は実体ではなく、「わたし」を内に含んだ現に進行中の言行為を口にする人物を指している。同様に、「これ」は《現在進行中のディスクール〔言述行為〕と同時的になされる顕示》の対象でしかなく、「ここ」と「いま」は《「わたし」という代名詞を内に含む現に進行中のディスクールと同時的な時空間の瞬間を画定する》。ここは、代名詞の伝統的理論を変革して哲学的な主体の問題を新しい仕方で定義した、これらの正当にも有名な分析をたどりなおす場ではない。ここで関心があるのは、むしろ、音声に訴えることなしに、どのようにしてシフターと現に進行中のディスクールの「同時性」（この件について、ヤーコブソンは代名詞「わたし」と「言表」とのあいだの《実存的関係《エノンシアシオン》》という言い方もしている）を理解することができるのか、を問うてみることである。言表行為や現に進行中のディスクールは、それらを発声する音声をつうじてでしか、そのようなものとして同定することはできない。だが、ディスクールの生起に言及したものであるかぎりで、ここで問題となる音声は動物の音声であるわけにはいかず、ここでもまたもや、必然的に除去されなければならないものであるかぎりでの音声でしかありえない。なぜなら、音声の非場所のなかで、文字《グランマタ》は生起したからであり、それらとともにディスクールは生起したからである。すなわち、言表行為は主体、「わたし」「ここ」「いま」と言う者を、音声と言語活動の分節化、動物の音声《フォーネー》では「もはやない」と言葉《ロゴス》では「いまだにない」の分節化のうちに置くのである。そして、この否定的な分節化のなかにこそ、文字は置かれているのである。音声は、主体、「わたし」と言う者が、自分が音声の代わりに存在していることに気づいた時点で、書かれ、文字に転化する。このために、ヘーゲルが『精神現象学』で明らかにしたように、代名詞「これ」や副詞「ここ」と「いま」において表明される感覚的確信が消え去るのを見るためには、それを文字に転写するだけで十分なのである（「ここ」はもはやここではなく、「いま」はもはやいまではない）。なぜなら、〈文字に転写された瞬間〉その感覚的確信が依拠していた音声が最終的に消えてなくなってしまうからである。西洋の知の建築物は、究極的には、奪い去られた音声、音声を文字に転写することを基礎として建築されている。これこそは、西洋の知の脆弱な、しかしまた強靱な創建神話にほかならない。

16

文字をつうじて以外のやり方で音声と言語活動の関係を思考することは可能なのだろうか。ひとつのありうる仮説がアンモニオスによって彼のアリストテレス註解のなかで言語の質料（ヒュレー ὕλη）としての音声に触れたさいに示唆されていた。しかしながら、この仮説を追尋してみるまえに、ジャン＝クロード・ミルネールによって表明されたテーゼと対決しておく必要があるだろう。それによると、文字と物質は同義語である、なぜなら、質料――近代科学において言われる意味での物質――はすぐれて《文字に書き写すことができる》（translitérable）からだという（Milner 1985, p. 8）。このテーゼにミルネールは文字とシニフィアンとは異なるという帰結を付け加えている。そして両者を不当にも混同した結果、ソシュールは『アナグラム』のなかでは文字にシニフィアンの特性を帰属させ、『一般言語学講義』のなかではシニフィアンに文字の特性を帰属させるにいたったのだ、と。

そこでわたしたちは、ミルネールの言葉を借りて、アリストテレスがおこなったことはまさしく文字――グランマ――をシニフィアンと同一視し、音声の意味論化をくわだてることであった、と言うことができる。ただし、ミルネールのテーゼに反対して、質量＝物質は――少なくともそれをプラトンのいうコーラ（χώρα）、純粋の生起の範型にまで送り返すなら――けっして文字に書き写すことはできず、けっして文字でもエクリチュールでもありえない、と付け加えておかねばならない。

『ティマイオス』のなかの、プラトンがコーラと呼ぶ、可感的なものと可知的なものとならんで存在の第三の類をなすものについての定義を見てみるとよい。それは受容器（ὑποδοχή）もしくは刻印板（ἐκμαγεῖον）のようなものであって、すべての可感的形態に場所を提供するが、けっしてそれらと混ざり合って見分けがつかなくなることはない。それは本来の意味での可感的なものでもなければ、本来の意味での可知的なものでもないが、夢のなかでのように、《感覚作用が欠如しているなかで、さまざまなものが雑多に混ざり合った推論をおこなうことによって》知覚されるようになる。したがって、もしアンモニオスが示唆しているアナロジーを受けて音声を言語のコーラととらえるなら、音声は文法的に言語と兆候の関係においても要素の関係においても結びついてはいないことになるだろう。それはむしろ、言葉《ロゴス》の生起するなかにあって、わたしたちが言葉《ロゴス》には還元しえないものとして知覚するものなのだ。たえず言葉《ロゴス》に随伴しており、純粋の音でも意味表示をおこなう言述行為《ディスクール》でもなく、両者の交差する地点にあって、感覚作用が欠如しているなかで、そして指示対象をもたない推論をおこなうことによって知覚する、経験しえないもの（ἄπειρον）なのである。そのときには、わたしたちはあらゆる創建神話を捨て去って、つぎのように言うことができる。すなわち、それは、コーラにして質量＝物質であるかぎりにおいて、けっして言語のなかに書きこまれることのなかった音声であり、文法的エクリチュールが不断に歴史的に伝達されていくなかにあって、執拗に〈書きこまれることのできないもの〉（un inscrivibile）でありつづけている、と。生物としての人間と言葉を話す存在としての人間とのあいだには、なんらの分節化も存在しない。文字——みずからを〈かつて存在したもの〉（esser-stato）、音声の痕跡として定立するのだと言い張っているグランマ——は、音声のうちに存在しているわけでもなければ、音声の代わりに存在しているわけでもないのである。

17

そのときには、詩と哲学のあいだの《昔からの不和》（παλαιὰ διαφορά ――プラトン『国家』六〇七B）はこの見方のもとで一から考えなおさなければならなくなる。二十世紀の思想界では、これら二つの言述行為《ディスクール》の分離――ならびに両者を再結合しようとするこころみ――は最大の緊張に達した。一方では、論理学は言語をいっさいの詩的冗語から純化しようとこころみてきたとすれば、他方では、概念では不十分にみえた場所で詩を呼び出そうとしてきた哲学者たちの数にも事欠かなかった。じつをいうと、それは二つのライヴァル関係にある選択肢でもなければ、話者がそのうちのどちらかを勝手に選択してかまわないような、互いに無関係な二つの可能性でもなかった。詩と哲学はむしろ、人間の言語活動という単一の分野の内部にあって生じた、一つの、切り離すことも一方を他方に還元することもできない緊張を体現しているのである。そして、この意味では、言語活動が存在するかぎり、詩と哲学も存在すると予想される。両者が対立並存していることは、ここでもまた、わたしたちの仮説によると、アントロポゲネシス〔人間の誕生〕の瞬間に音声のなかで産み出された、動物の言語活動でありつづけているものとそれに代わって知と認識の器官として構築されつつあった言語とのあいだの分裂を証言しているのである。

じっさいにも、音声の場所に言語が置かれていることは、人間の言語活動を横断しているもうひとつの還元不可能な分裂、音と意味、音声的および音楽的な系列と意味論的な系列とのあいだの分裂の原因をなしている。これら二つの系列は、動物の音声のなかでは一致していたのだったが、言述行為《ディスクール》のなかで、二重の、逆向きの緊張が生じるのに応じて、そのつど切り離され、両者の一致が不可能となってしまいながらも同時に放棄することもできないような仕方で対立するようになるのである。わたしたちが詩と呼んでいるものと哲学と呼んでいるものとは、言語活動のなかで生じたこの対立の両極を名指ししている。こうして詩は、韻とアンジャンブマン〔句跨ぎ〕をつうじて、記号論的な系列と意味論的な系列、音と意味、音声《フォーネー》と言葉《ロゴス》の相違を純粋の音のほうへ最大限に向かわせようとするこころみとして定義されることができたのだった。そのときには、哲学的散文は逆にそれらの相違が純粋の意味のなかで充足されることに向けてなされたこころみとして姿を現わすこととなるだろう。

両者の関係についてのこのようなわかりやすい読解（lectio facilior）にたいして、ここではむしろ、どちらにとっても、音声《フォーネー》と言葉《ロゴス》、音と意味が接触する瞬間こそが決定的である、ということを想起する必要がある。その場合、ジョルジョ・コッリにならって、接触を接点としてではなく、二つの存在するものが表象作用の欠如していることによってのみ結びつく（あるいはむしろ切り離される）瞬間として理解するとしてである。もしこの接触の瞬間を思考（pensiero）と呼ぶとするなら、そのときには、詩と哲学はそれぞれが相手のなかに内在している、と言うことができる。言葉についての本来の意味においての詩的な経験は思考のなかで遂行され、言語についての本来の意味においての思考の経験は詩のなかで生起するからである。すなわち、哲学とは音声を探究し記憶にとどめる行為のことなのだ。それは詩が、詩人たちが倦むことなくわたしたちに想い起こさせるところによると、言語を愛し探究する行為であるのと同じである。したがって、言述行為《ディスクール》のなかで音と意味とが一致しているようにみえる哲学的散文は、思考を欠如させてしまう危険があることとなる。それは音と意味を対立させることをやめない詩が音声を欠如させてしまう危険があるのと同じである。このために、ウィトゲンシュタインが書いたように、《哲学するということはもともと詩作することでしかありえない》（"Philosophie dürfe man engentlich dichten" ——Wittgenstein 1977, p. 58）のである。ただし、詩作するということはもともと哲学することでしかありえない、と付言しておくという条件のもとで——。哲学はつねにその組成からして詩の／という哲学なのであり、詩はつねにもともと哲学の／という詩なのである。

18

言語活動が、それの存在があれこれの言語、あれこれの文法、あれこれの意味表示的命題のなかで立証されるということとは独立に、純粋かつ単純に存在しているという事実をファクトゥム・ロクエンディ factum loquendi と呼ぶなら、そのときには、言語学と近代の論理学が構成されえたのは、ファクトゥム・ロクエンディ、人が言葉を話すという純粋の事実を思考されざる前提として脇に放置し、もっぱら、もろもろの実在する属性のかたちで記述しうるかぎりでの——すなわち、あれこれの言語であり、あれこれの「文法」を有しており、あれこれの意味論的内容を伝達しあっているかぎりでの——言語活動にかかずらわってきたことによってであった、と言うことができる。わたしたちはいつも言語の内部にあって言語をつうじて語っている。そして、あれこれの論点について語り、なにものかでもってなにものかの述語づけをおこないながら、そのつど、わたしたちがそれについて語っているのだという事実を忘れてしまっている。しかしまた、言表の瞬間には、言語活動はなんらの辞書的実在にも言表されたもののテクストにもかかわることはなく、もっぱらみずからが生起しているという事実にかかわっているのである。それは音声が退去するなかでみずからが生起するということにのみ言及しているのであり、神話による消えてなくなることによって言語活動に場を与えるという音声と否定的な関係を保っているのである。

もしこれがほんとうなら、そのときには、わたしたちは哲学の任務を形而上学と言語科学が前提するにとどまったままでいるほかないそのファクトゥム・ロクエンディを陳述し経験するこころみとして定義することができる。すなわち、人が言葉を話すという純粋の事実、そして発話の出来事は動物の場合には音声の場で、しかしながら音声にたいしてなにひとつその出来事を分節化することなく起こるという事実を自覚するこころみとして定義することができる。音声と言語活動がなんらの分節化もほどこされることなく接触しているところに主体がやってきて、この接触を証言する。この経験にみずから身を賭したいと願う思考は、――接触のなかにあっての――ラングとパロール、記号論的なものと意味論的なものの断絶のなかだけでなく、音声《フォーネー》と言葉《ロゴス》の断絶のなかにも決然と身を置かなければならない。ラングとパロール、本質存在と現実存在、可能態と現実態のあいだにあって、この経験に身を賭そうとする思考は、そのつど、みずからが音声を前にして言語が存在せず、言語を前にして音声が存在しない状況に置かれていることを受け入れなければならないのである。

要請の概念について

つねに新たに哲学は要請の概念を厳密に定義するという任務に直面している。この定義の緊急度たるや、哲学はこの定義を要請しており、哲学の可能性は全面的にこの要請と一致する、となんら言葉遊びではなく言うことができるほどなのだ。

要請が存在せず、必然性だけが存在するとしたなら、哲学は存在できないだろう。わたしたちを義務づけるものではなくて、わたしたちに要請するもの、当為でもなければたんなる事実上の現実でもなくて、要請——これが哲学の構成要素である。だが、可能性と偶然性も、要請の結果、変容をこうむり様態を変化させられる。すなわち、要請の定義は予備的な任務として様態のさまざまなカテゴリーの再定義を含意しているのだ。

ライプニッツは要請を可能性のひとつの属性であるとかんがえていた。"omne possibile exigit

existituere"（《可能的なものはすべて現実に存在することを要請する》）。可能的なものが要請するのはそれが現実的なものになることである。可能態——あるいは本質——は現実存在を要請するのだ。このためにライプニッツは現実存在を本質の要請であると定義する。"Si existentia esset aliud quiddam quam essentiae exigentia, sequeretur ipsam habere quandam essentiam, seu aliquid novum superadditum rebus, de quo rursus quaeri potest, an haec essentia existat, et cur ista potius quam alia"（《もし現実存在が本質の要請とは異なるなにものかであるとしたなら、それ自体がなにか本質のようなもの、あるいは事物に付加されたなにか新しい別のものをもつことになるが、これにたいしては、この本質は現実に存在するのだろうか、またなにゆえに別のものでなくてこのものなのだろうか、と問うてみることができる》）。同じ意味で、トマス・アクィナスは皮肉たっぷりに《流れが流れると言うことができないように、現実存在が現実存在すると言うこともできない》と書いたのだった。

現実存在は本質または可能性にたいしてなにか別のものではない。それは本質に含まれているひとつの要請であるにすぎない。だが、この要請を把握するにはどうすればよいのか。一六八九年のある断章のなかでライプニッツはこの要請を"existurientia"と呼んでいる（これは"existere"の不定法未来形にもとづいて形成された語である）。そして、これをつうじて彼は理由の原理を理解しうるものにしようと努めている。なにものかが無ではなくて現実に存在している理由は《現実に存在しないことの理由よりも現実に存在しようとする（ad existendum）理由のほうが優勢であることにある。すなわち、ひと言でいうことがゆるしてもらえるなら、本質が現実に存在することを要請していることに（in existurientia essentiae）ある《もろもろの本質が現実に存在することを要請するためには（exísturitionis essentiarum）、事物の側にひとつの根源が存在することが必要である。そしてこの根源は、もろもろの本質の根底（fundus）でありもろもろの現実存在の源泉（fons）である必然的な存在者、つまりは神以外にありえない。［……］神においてでなければ、また神をつうじてでなければ、もろもろの本質はけっして現実存在への（ad existendum）道を見いだすことはできなかっただろう》。

要請のひとつの範型をなしているのは記憶である。ベンヤミンは、記憶のなかでは、わたしたちは絶対的に完了してしまっているようにみえるもの――過去――が突然いまだ完了していないものになるという経験をする、と書いたことがあった。記憶もまた、過去にいまだ完了していないという性格を取り戻してやり、こうして過去をなんらかの仕方でわたしたちにとってなおも可能的なものにするかぎりで、ひとつの要請のようなものなのだ。要請の問題のライプニッツ的な立て方はここにおいて反転する。可能的なものが現実に存在することを要請するのではなく、現実的なもの、すでにあったものが、みずからの可能性を要請するのである。そして思考とは、現実に存在しているものに可能性を取り戻してやり、意見の偽りの主張を否定して事実だけに依拠する能力でなくて、なんであろう。思考するということは、なによりもまずもっては、現実に存在するものがふたたび可能的なものとなって、もろもろの事物だけでなく、それらの流す涙にも権利を認めるよう要請していることを知覚するということを意味している。

同じ意味で、ベンヤミンは、ムイシュキン公爵の人生はいつまでも忘れがたいままでありつづけることを要請している、と書くことができたのだった。このことは、忘れ去られてしまったものがいまふたたび記憶に戻ってくることを要請している、という意味ではない。要請は、たとえだれもが永遠に忘れ去ってしまったとしても、忘れがたいものでありつづけるということにかかわっている。この意味において、忘れがたいものは要請の形式そのものである。そして、これは或る主体が言い張っていることではなくて、世界の状態であり、実体の属性である。すなわち、スピノザの言葉を借りるなら、なにか知性が実体についてその本質を構成しているというようにとらえるものなのだ。

したがって、要請は正義と同じく存在論のカテゴリーであって、道徳のカテゴリーではない。それはまた論理学のカテゴリーですらない。三角形の本性が角の総和が二直角に等しいということを内に含んでいるようには、それはその対象を内に含んではいないからである。すなわち、或るものが別のものを要請するのは、もし前者が存在するなら後者も存在するときだろうが、しかしながらその場合、前者が後者を論理的に含意していたり、みずからの概念のうちに収容していたりすることはなく、このために後者が事実の平面で現実に存在することを義務づけることもない、と言ってよいだろう。

この定義からは、つづいて、哲学者たちが着手するのをさしひかえているもろもろの存在論的カテゴリーの修正の作業を遂行することが必要となってくるだろう。ライプニッツは要請を本質（あるいは可能性）に帰属させ、現実存在を要請の対象にしている。すなわち、彼の思想はなおも存在論的装置に奉仕する義務を負ったものにとどまっていて、存在のうちに本質と現実存在、可能態と現実化されたものを区別しており、神のうちに両者の無差別点、《現実存在化する》（existentificans）原理を見てとっている。だが、要請を内に含んだ可能態とはなんであるのか。また、もし現実存在が要請以外のなにものでもないとしたなら、そして要請が本質と現実存在、可能的なものと現実的なものの区別そのものよりも本源的なものであるとしたなら、それはどのように思考すればよいのだろうか。もし存在そのものが要請から出発して思考されるべきであって、様態のカテゴリー（可能性、偶有性、必然性）はそれの不適切な特殊化でしかなく、断固として問いに付される必要があるとしたなら。

要請は道徳的カテゴリーではないという事実からは、要請からはなんらの命令も出てはこないということ、すなわち、それは当為となんの関係もないということが帰結する。だが、このことによって、幸福とは無縁であると宣言して定言的な禁止の形態においてみずからを提示することを好む近代の道徳は、留保なく断罪されることとなる。

パウロは信（ピスティス πίστις）を望ましいことどもが現実に存在すること（ヒュポスタシス ὑπόστασις）であると定義している。すなわち、信は現実に存在しないものにひとつの実在および実体を供給するというのだ。この意味では、信は要請と類似している。ただし、ここで問題となっているのは、或るものが（信者の場合のように）到来したり、（政治的戦士の場合のように）実現されたりするのを先取りすることではないということは、はっきりさせておかねばならない。望ましいものは、要請であるかぎりで、すでに完全に現前している。このために信は信者がもともと有している特性ではありえず、信者には属さず、外部から、望ましいことどもから、信者のもとに届けられる要請にほかならない。

スピノザが本質をコーナートゥス（conatus）と定義するとき、彼はなにか要請のようなものをかんがえている。このために、『エチカ』第三部の定理七 "Conatus, quo unaquaeque res in suo esse perseverare conatur, nihil est praeter ipsius rei actualis essentia" の "conatus" という語は、通常なされているように「努力」と翻訳されるべきではなく、「要請」と翻訳されなければならない。《おのおのの事物がみずからの存在に固執することを要請するさいに回路となる要請は、その事物の現実的本質にほかならない》と訳されるべきなのだ。存在が要請する（あるいは欲望する）――欄外に付されている注釈によると、欲望―― cupiditas ――は conatus に与えられた名辞のひとつであるという）ということは、それが事実的現実に尽きるものではなく、事実的現実の彼方へ向かおうとする要請を内に含んでいることを意味している。存在はたんに存在しているのではなく、存在することを要請しているのである。そのことは、ここでもまた、欲望は主体に属するのではなく、存在に属することを意味している。或るものを夢に見た人は現実にはすでにそのものを所有してしまっているのと同じように、欲望はそれが充足された状態をみずからにたずさえているのである。

要請は事実の領域とも理念的なものの領域とも一致しない。それはむしろ、プラトンが『ティマイオス』のなかでイデアと可感的なものの中間にあって《存在になりつつある事物に場所（コーラ χώρα）を提供する》存在の第三の類であると定義している意味での質料である。このために、コーラについてと同じように、要請についても、わたしたちはそれを《感覚作用が欠如しているなかで》（μετ᾽ ἀναισθησίας ――「感覚作用抜きで」ではなく、「無感覚状態で」）、《さまざまなものが雑多に混ざり合っていて、かろうじて信じうる推論をおこなうことによって》知覚すると言うことができるのである。すなわち、それは（夢のなかで起きるように、とプラトンは言う）感覚作用をともなわない感覚の明証性と思考の可知性を、しかしながらなんらの可能な定義も与えることができないままに有していると言うことができるのだ。この意味において、質料は可感的なものと可知的なもの、言語的なものと非言語的なもののあいだの偽りの二者択一を粉砕する要請である。感覚作用のなかに可知的なものが存在するように、思考と言語のなかには質料的なものが存在する。そして、この第三の無限定なものをアリストテレスはヒュレー（ὕλη〔質料〕）と呼び、中世のスコラ学者たちはシルヴァ（sylva〔森〕）、《実体の無色の顔》、《疲れを知らずに生殖に励んでいる子宮》と呼んでいるのであり、プロティノスはこれを指して《形なきものの刻印》のようだと言っているのである。

質料〔物質〕を基体としてではなく、物体の要請として思考する必要がある。それは物体が要請するものなのであり、わたしたちが物体の最も奥深くに潜む力として知覚するものなのだ。こうして、古くから質料を可能性に結びつけている連関をよりよく理解できるようになる（シャルトルのプラトン主義者たちはこのためにヒュレーを《いっさいの事物をみずからのうちに内包している絶対的可能性》と定義していたのだった）。可能的なものが要請するのは現実化されたものへと移行することではなく、質料化すること、質料になることなのだ。神と質料を同一視したベーヌのアモーリやディナンのダヴィドのような中世の唯物論者たちのスキャンダラスなテーゼ（"yle mundi est ipse deus"〔この世界がそのままに神である〕）はこの意味に解されなければならない。神とは物体が生起するということであり、物体に印を刻みこんで質料化するという要請のことなのだ。

ベンヤミンの定理によると、メシアの王国はばからしくて汚辱にまみれたかたちでしか歴史に出現することができないとのことであるが、これと同じように、事実の平面では、要請は最も取るに足らない場所において、現在の事情のもとでは軽蔑すべきもののようにみえ支離滅裂なもののようにみえる様態をおびて表明される。要請にたいしては、あらゆる事実は不適切であり、あらゆる充足は不十分である。そしてそれはその要請があらゆる可能な実現よりも過剰であるからではなく、ただたんに、その要請が実現の平面ではけっして立てることができないからであるにすぎない。神の知性のなかでは――すなわち、存在の状態としての要請に照応している知性の状態のなかでは――もろもろの要請はすでに永遠に充足されている。時間のなかに投げ出されるとき、メシア的なものはこの世のうちに存在することを要請する別の世として提示されるが、ただし、それをパロディ的ないし近似的な仕方で、世界をかならずしもつねに建設的ではないかたちで歪曲したものとしてしか提示することができない。この意味では、パロディは要請の唯一の可能な表現である。

このために、要請は福音書が約束する幸福のうちに、メシアの王国を現世から切り離す極度の緊張のうちに、至上の表現を見いだしてきたのだった。《心の貧しい人々は幸いである。なぜなら、天の国は彼らのものだからである。柔和な人々は幸いである。なぜなら、彼らは地を受け継ぐだろうからである。悲しむ人々は幸いである。なぜなら、彼らは慰められるだろうからである。［……］迫害される人々は幸いである。なぜなら、天の国は彼らのものだからである。わたしのためにののしられ、迫害され、［……］されるだろうとき、あなたがたは幸いだろう》。注目されるのは、貧しい人々と迫害される人々という特権的な場合には――すなわち、現世の眼にはこのうえなく汚辱にまみれたように映る二つの状態の場合には――動詞が現在形であることである。天の国はそれから最も遠い状況に置かれている者たちのここにしていまなのだ。要請が未来におけるあらゆる事実上の実現とは無関係であるということが、ここにおいて最も純粋な仕方で確言されている。しかしまた、まさにこのために、それはいま、その本当の名前を見いだす。それは――その本質においては――幸福なのである。

要請は存在が極度に錯綜している状態であって、存在のあらゆる可能性をみずからのうちに含みもっている。このことは要請がイデアと特権的な関係にあることを意味している。要請のなかでは、もろもろの事物が永遠の相のもとに（sub quadam aeternitatis specie）観想される。それはさながら、恋人が眠っているあいだにわたしたちがその姿を観想しているときに似ている。恋人はそこにいる。だが、彼女はいっさいの行為を宙づりにして、みずからのうちに包みこまれている。イデアのように、たしかにそこに居合わせているが、同時に居合わせていない。わたしたちの眼の前にいるのだが、ほんとうに存在していることを確かめるためには彼女を目覚めさせる必要があるだろう。だが、目覚めさせたとたん、彼女を失ってしまうだろう。イデア――要請――は現実化されたものの眠りであり、生の睡眠状態である。あらゆる可能性がいまはただひとつの錯綜した状態のうちに包みこまれている。それを生はひとつひとつ展開し説明していくだろう。部分的には、すでに展開し説明してもいる。だが、一歩一歩と展開し説明していく過程で、イデアのほうはますます自分自身のうちに閉じこもり、錯綜の度合いを高めていって、説明しがたいものになっていく。イデアとはそのあらゆる実現態のうちに未決定のまま残っている要請であり、目覚めを知らない眠りである。

言い表しうるものとイデアについて

1

言い表しえないものではなくて、言い表しうるものが、哲学がみずからを測定しようとするたびに立ち戻らなければならない問題をなす。じっさいにも、言い表しえないものというのは言語活動よりも先に置かれている前提でしかない。言語活動が存在するようになるやいなや、名指される事物が、それまで言語活動がそれとのあいだに関係を確立してきた非言語的なもの、あるいは関係のないものとして、先に置かれるようになる。この〈先に置く〉力はじつに強力であるため、わたしたちは非言語的なものをなにか言い表しえないものや関係のないものであると想像し、なんとかしてそのようなものとしてとらえようとする。そして、このようにして言語活動の影をとらえようとこころみる以外のことをしていないことには気がつかないでいる。この意味では、言い表しえないものというのは、言葉を話す存在だけが把握することのできる、純然と言語学的なカテゴリーなのだ。このためにベンヤミンは一九一六年七月のマルティン・ブーバー宛て書簡で《言い表しえないものを言語活動の内部において結晶化して絶滅させること》について語ることができたのだった。言い表しえないものは言語活動の外部で正体の不分明な〈先に置かれた〉ものとして生じるのではなく、そのようなものである以上、言語活動の内部においてのみ絶滅させられうるのである。

　ここでは逆に、言い表しうるものは言語学的なカテゴリーではなくて存在論的なカテゴリーであることを示してみることにしよう。言い表しえないものを言語活動のなかで絶滅させることは言い表しうるものを哲学的な課題として陳述することと一致する。だから、言い表しうるものは、言い表しえないもののように、けっして言語活動の前や後に生じることはありえない。言い表しうるものは言語活動といっしょに生じるのであり、しかしまた、言語活動には還元されることがないままにとどまっているのである。

2

　この「言い表しうるもの」――レクトン λεκτόν――という語によって、ストア派の人々は非物体的なものにかんする彼らの学説の基本的な一要素を指していたが、その定義については哲学史家たちの見解は一致を見るにいたっていない。したがって、この概念についての探究に取りかかるまえに、まずもって、それをそれが属している哲学的コンテクストのなかに置いてみるのがよいだろう。近代の研究者たちには時代錯誤《アナクロニスティック》なことにも近代のカテゴリーや分類を古代のそれらに投影させようとする傾向があって、彼らは通常この概念を論理学の分野に登録している。しかしまた、これらの研究者自身、哲学を論理学、存在論、自然学、形而上学等々に分割したのは古代後期の文法学者や古典の註解者であって、ここからあらゆる種類の取り違えや誤解が生じることとなったことを完全に知っている。

カテゴリーあるいは述語（しかしカテーゴリアイ κατηγορίαι というギリシア語は法律用語では「告訴、告発」を意味する）にかんするアリストテレスの著作は、伝統的にアリストテレスの論理学的著作のうちに分類されている。しかし、そこには疑いもなく存在論的な性格のテーゼがいくつも含まれている。それゆえ、古代の註解者たちは、著作の対象（スコポス σκοπός、目的）はなんであったのか、言葉（フォーナイ φωναί）なのか、事柄（プラグマタ πράγματα）なのか、それとも概念（ノエーマタ νοήματα）なのか、について議論してきたのだった。ピロポノスは、彼のアリストテレス註解への前置きで、彼の師アンモニオスの議論をそのまま受け売りして、著作の対象は或る者たちによると（そのなかにはアフロディシアスのアレクサンドロスもいた）言葉だけであり、別の者たちによると（エウスタシオスがそうであるように）事柄だけであり、また別の者たちによると（ポルピュリオスがそうであるように）概念だけである、と書いている。そうしたなかで、より正確なのは、ピロポノスによると、著作の対象は概念をつうじて事柄を表示するかぎりでの言葉（φωνῶν σημαινουσῶν πράγματα διὰ μέσον νοημάτων）であるとしているイアンブリコスのテーゼであるという（そしてこのテーゼをピロポノスは何点かの訂正をほどこしたうえで受け入れている）（Philoponos 1898, pp. 8–9）。ここからは『カテゴリー論』において論理学と存在論を区別することが不可能であることが明らかとなる。『カテゴリー論』では、アリストテレスは言語活動によって意味表示されているかぎりでの事物ないし存在するものをあつかっており、事柄に言及したかぎりでの言語活動をあつかっている。彼の存在論は、彼が倦むことなく繰り返し述べているように、存在は言い表される（τὸ ὂν λέγεται…）という事実、存在はすでにつねに言語活動のなかにあるという事実を前提にしている。論理学的なものと存在論的なものとが曖昧模糊として混在しているということは『カテゴリー論』の本質に属することなのだ。このため、西洋哲学の歴史のなかでは、もろもろのカテゴリーは述語作用の種類としても存在の種類としても立ち現われることとなるのである。

ℵ　アリストテレスの著作群についてのわたしたちの分類は、ロドスのアンドロニコスが紀元前四〇年と二〇年のあいだに編んだ版に由来している。アリストテレスのいわゆる論理学的諸著作を『オルガノン』に集成したのも、今日わたしたちが『形而上学』と呼んでいる講義と覚え書きを自然学のあとに（μετὰ τὰ φυσικά）配したのも、彼である。アンドロニコスは、アリストテレスは自覚的に体系的な思想家であり、したがって自分の編集した版はアリストテレスの意向を忠実に反映したものであると確信していた。しかし、わたしたちはアンドロニコスが古典古代の知性とはまったく無縁なヘレニズム的観念をアリストテレスのうえに投影したことを知っている。ところが、近代に編集されたアリストテレスの版はいずれも、文献学的には更新されているものの、残念ながらアンドロニコスの誤ったとらえ方をなおも反映している。こうしてわたしたちはアリストテレスをほんとうに論理学的なオルガノン、自然学にかんする諸著作、政治と倫理にかんする諸著作、そして最後に『形而上学』を体系的に書いたかのように読みつづけている。アリストテレスの読解は、彼の思想のこのようなカノン的分節化を破壊することから出発してはじめて可能となる。

3

同様の考察はストア派の人々のいう「言い表しうるもの」についても妥当する。近代の研究では、「言い表しうるもの」が論理学の領域に属するということはどうやらすでに解決済みのことのようである。しかし、それはとても確実どころではない想定（セーマイノメノン σημαινόμενον とレクトン λεκτόν、「意味されるもの」と「言い表しうるもの」とは同一であるといったような）

のうえに立っている。「言い表しうるもの」をアリストテレスの観点から批判的に定義しているアンモニオスの証言を見てみるとよい。《アリストテレスは、まずもって直接に意味されるもの（σημαινόμενα――つまりは名詞と動詞からなるもの）と概念（ノエーマタ νοήματα）とはなにかを教え、これらをつうじて事柄（プラグマタ πράγματα）とはなにかを教えている。そして、これら（概念と事柄）以外にさらにもうひとつの媒体、ストア派が「言い表しうるもの」（レクトン λεκτόν）という名によって想定しているようなもののことは考慮すべきではない、と確言している》（Ammonios 1897, p. 5）。すなわち、アンモニオスはわたしたちに、ストア派の人々は、彼によると無益なことにも、概念と事柄のあいだに彼らが「言い表しうるもの」と呼ぶ第三のものを挿入した、と報告しているのである。

　問題のくだりはアリストテレスの『命題論』（『解釈について』）へのアンモニオスの註解からとられたものである。同書でアリストテレスは「解釈《ヘルメーネイア》」の過程を三つの要素をつうじて定義していた。言葉（タ・エン・テー・フォーネー τὰ ἐν τῇ φωνῇ〈音声のうちにあるもの〉）、概念（より正確には、「魂のうちに刻印されたもの」、タ・パテーマタ・エン・テー・ピュケー τὰ παθήματα ἐν τῇ ψυχῇ）、事柄（タ・プラグマタ τὰ πράγματα）の三つである。そして、言葉は概念の象徴であり、概念は事柄の類似物であるという。これにたいして、ストア派のいう「言い表しうるもの」は言語的な実体ではなく、概念でもなければ、ましてや事柄ではない、とアンモニオスは示唆している。それは知性のうちにも現実に存在するもののうちにも場所をもたず、論理学にも自然学にも属さない。それはなんらかの仕方で両者のあいだに存在している。そうであってみれば、この知性と事柄のあいだの特別の場所を地図作成術によって描き出すことが問題となるだろう。じっさいにも、このように知性と事柄のあいだに位置しているということこそが本来の意味で存在の空間なのだ。すなわち、「言い表しうるもの」は存在論的なものと一致するのである。

4

言い表しうるものの学説についてのあらゆる解釈の出発点となるべき最も豊かであると同時に最も問題的でもある原典は、セクストス・エンペイリコスの『学者たちへの論駁』のつぎのくだりである（Sextos Empeiricos 1842, VIII, 11–12, p. 291）。《或る人々は真なるものと偽なるものを意味されるもののうちに（περὶ τῷ σημαινομένω）、別の人々は音声のうちに（περὶ τῇ φωνῇ）、さらに別の人々は思考の運動のうちに（περὶ τῇ κινησει της διανοίας）置いていた。第一の意見の代表者はストア派であり、彼らは三つのもの、すなわち、意味されるもの（σημαινόμενον）と意味するもの（σημαῖνον）と対象（τυγχάνον「そのつど起きるもの」、そのつど問題になる実在するもの）が相互に結びついていると言っていた。このうち、意味するものとは、たとえば「ディオン」というような音声（φωνή）である。意味されるものとは、音声によって明らかにされるかぎりにおいての事柄それ自体（αὐτὸ τὸ πρᾶγμα τὸ ὑπ᾽ αὐτῆς δηλούμενον）である。わたしたちはそれをわたしたちの思考の傍らにあって〔思考に対応して〕存続している（παρυφισταμένου）ものとしてとらえるのであって、異国人はその音声を聞いても理解しないものである。また対象とは、外部に存在するもの（τὸ ἐκτὸς ὑποκείμενον）であり、たとえばディオンその人がそれである。これらのうちの二つ、すなわち音声と対象は物体であり、これにたいして、一つ、すなわち意味され言い表しうるもの（τὸ σημαινόμενον πρᾶγμα καὶ λεκτόν）は非物体的なものである。そして、これが真なるものか偽なるものになる》。

意味するもの（意味を表示する言葉）と対象（現実のなかでそれに対応する事柄）については、問題がない。問題なのは、非物体的なセーマイノメノン σημαινόμενον〔意味されるもの〕の身分である。これを近代の研究者たちは或る主体の知性のうちに現在する概念（アンモニオスによると、アリストテレスのノエーマ νόημα に似ているという）と同一視するか、或る主体の知的活動とは独立に存在する、思考の客体的内容（フレーゲにおける「思想」——Gedanke——がそれに該当する）と同一視してきた（Schubert 1994, pp. 15–16）。

どちらの解釈も近代の意味理論をストア派に投影しており、こうして文献学的に正確なテクストの読解でもってみずからを測定することをなおざりにしてしまっている。異国人は「セーマイノメノン」という言葉を聞いてもその意味がわからないという事実は、それを（フレーゲのいう意味での）「意義」——Sinn——ないし知性のうちで形成されるイメージに同化させるよう導いていきそうである。しかし、セクストスは真と偽を《思考の運動のうちに》置く者たちにストア派を対置させることによって、セーマイノメノンが或る主体の思考と同一視されうる可能性を暗々裡に排除している。そのうえ、テクストは、セーマイノメノンは思考と一体化したものではなく、思考の《傍らにあって存続している》と明言している。近代人が意味内容《シニフィエ》と呼んでいるもの（少なくとも「意味」—— Bedeutung ——あるいはデノテーション〔外示〕という意味においてのそれ）にどこか似たところのあるものを喚起しているようにみえる続くくだりも、もっと注意深い解釈を要請している。セーマイノメノンがここで「事柄それ自体」（αὐτὸ τὸ πρᾶγμα）と定義されているのは、それが言葉によって表明されているかぎりにおいて（τὸ ὑπ' αὐτῆς δελούμενον —— τό という冠詞が繰り返し用いられていることに注意されたい。これをわたしたちは「かぎりにおいて」と訳しておいた）のことなのだ。

プラグマ（πρᾶγμα）は、ラテン語のレース（res）と同じく、まずもって、「問題になっているもの、訴訟にかけられたり、議論に付されたりしているもの」を指す（ここから、ラテン語のカウサ causa〔訴因〕に由来するコーサ cosa というイタリア語訳が出てくる）。そして、ついではまた、「もの」あるいは「事実状態」を指す。しかし、ここではこの二番目の意味における「もの」でないことは、それがテューグカノン τυγχάνον、そのつど起きるもの（ἃ τυγχάνει ὄντα）、出来事ないし実在の対象から区別されていることからして明らかである。しかしながら、このことは「事柄それ自体」が単純に近代的意味においての意味内容《シニフィエ》、言葉によって指示される概念内容や志向対象であることを意味しない。「事柄それ自体」――アウト・ト・プラグマ αὐτὸ τὸ πρᾶγμα ――というのは、言葉や思考において問題になっているもの、言葉や思考をつうじて、しかしそれらと一致することなく、人間と世界のあいだで訴因（causa）になっているもの（res）を指している。

エミール・ブレイエが指摘しているように、《意味され言い表しうるもの》（σημαινόμενον ε λεκτόν）という言い方がなされているからといって、このことはセーマイノメノンとレクトンが同一物であるということ、言い表しうるという事実が意味されるという事実と一体であるということを含意しているわけではない。アルニムはそのセクストスの断片を編集したさい、"τὸ σημαινόμενον πρᾶγμα" と "καὶ λεκτόν" のあいだにコンマを挿入した。このことによって、二つの術語のあいだには同一性とともに差異が存在すると主張することが可能となる。《一般的にいって》とじっさいにもブレイエは結論している、《意味されるものが表現可能なもの（ブレイエは "λεκτόν" をこう訳している）であるとしても、あらゆる表現可能なものが意味されるものであるということにはならない》と（Bréhier 1997, p. 15）。それだけになおさら、ここでは《事柄それ自体》（αὐτὸ τὸ πρᾶγμα）という連辞の解釈が決定的なものになる。問題になっているのは、はっきりと言い表しうるかたちで存在している事柄それ自体である。だが、そのような「事柄それ自体」はどのように理解すればよいのだろうか。またどこに位置づければよいのだろうか。

ℵ　アウグスティヌスの『弁証論』は、ウァッロとストア派の影響が明々白々な言語的意味作用の分析をわたしたちに遺している。アウグスティヌス（『弁証論』五）は、言葉（verbum）――それは《記号（signum）ではあるけれども、実在するもの（res）であることをやめない》――のうちに存在する四つの可能な要素を区別している。第一の要素は、文法上の話の場合のように、言葉が自分自身に言及して発せられるときに生じる（この場合には言葉 verbum と実在するもの res とは一致する）。第二の要素――これをアウグスティヌスは“dictio”と呼んでいる――の場合には、言葉は自分ではなく他のものを指し示すために（non propter se, sed propter aliquid significandum）発せられる。第三の要素は res、すなわち外部の対象であって、これは《言葉でもなければ、知性のうちにある言葉の概念（verbi in mente conceptio）でもない》。第四の要素は、これをアウグスティヌスはストア派の用語を直訳して“dicibile”と呼んでいるが、《言葉から耳によってではなく魂によって感知されて魂のうちに包含されているもの（quicquid autem ex verbo non auris, sed animo sentit et ipso animo continetur inclusum）》である。

“dictio”（意味論的な面における言葉）と“dicibile”を区別する方途を見つけ出すことは彼にはできなかったにちがいない。それというのも、彼は直後にその区別を明確にしようと努めているのだが、完全には成功していないからである。《わたしが“dicibile”と呼んできたものは、言葉であるが、しかしまた言葉ではなく、言葉のなかで理解されるとともに魂のうちに包含されているものである（verbum est nec tamen verbum, sed quod in verbo intelligitur et animo continetur）。わたしが“dictio”と呼んできたものは、言葉ではあるが、しかしながら同時に二つのもの、すなわち、言葉そのものと、言葉をつうじて魂のなかで産み出されるものを指し示している（verbum est, sed quod iam illa duo simul, id est et ipsum verbum et quod fit in animo per verbum significat)》（『弁証論』五）。

アウグスティヌスが——たとえば前提の違いに訴えながら——両者の相違を定義しようと努めているさいの微妙なゆれを見過ごさないようにする必要がある。“dictio” の場合には、意味を指し示す言葉と分かちがたく結びついたままになっているなにものか（意味されるもの）が問題になっている（それは言葉——verbum——であると同時に言葉をつうじて——per verbum——魂のなかで——in animo——産み出されるものである）。これにたいして、“dicibile” は本来の意味では言葉ではなく（verbum est nec tamen verbum）、言葉によって（ex verbo）魂でもって知覚されるものである。意味されるものと実在するもののあいだに置かれた「言い表しうるもの」のアポリア的状況がここでは明々白々である。

5

「事柄それ自体」という表現はプラトンの『第七書簡』の決定的な一節のなかに登場する。このテクストが哲学史のなかで及ぼしてきた影響については、わたしたちはなおも自覚するにはほど遠い位置にある。しかし、セクストス・エンペイリコスの引用しているストア派の原典資料とこの書簡で述べられている哲学的余談とを比較してみると、両者のあいだにいくつか注目すべき類似点のあることが判明する。行論の便宜上、問題のテクストを全文引用しておこう。

存在するもののそれぞれには知識が産み出されるさいに経由する必要のあるものが三つあります。そして第四のものは知識それ自体で、第五には、それをつうじて（それぞれの存在するものが）認識しうる（γνωστόν）当のもの、真に存在するものが置かれなくてはなりません。第一のものは名詞（ὄνομα）、第二のものは定義（λόγος）、第三のものは模像（εἴδωλον）、そして第四のものが知識です。わたしがいま言ったことがどういうことなのか、知りたければ、まず一つの例をとって、ついではそれをすべての事柄に敷衍なさってください。「円」と呼ばれるなにものか（κυκλός ἐστί τι λεγόμενον）が存在します。そしていまわたしたちが（「エン」と）発した音声がそのままそれの名詞です。第二のものはそれの定義（λόγος）で、名詞と動詞で構成されています。たとえば、「末端から中心までの距離がどの点においても等しい」といったのがそれで、これが「円い」とか、「周りの円い」とか、「円」といった名前をもつものの定義（λόγος）なのです。第三のものは、図に描かれたり消されたり、ろくろで形づくられたり壊されたりするものですが、このことによって円それ自体（αὐτὸς ὁ κύκλος）はなんら変化をこうむることはありません。この円それ自体にはこれら第一・第二・第三のものすべてが対応しているのですが、それはこの円それ自体がそれらとは異なっているからなのです。第四のものは、これらのものに対応する知識、知性、真なる意見です。そしてこれらは一括して、音声のなかに（ἐν φωναῖς）も、さまざまな形態の物体のなかにもあるのではなくて、魂のなかに（ἐν ψυχαῖς）ある単一のものであるとかんがえられなければなりません。このために、それは明らかに、円それ自体のあり方とも、いましがた述べた三つのものとも別のものなのです。（『第七書簡』三四二A八―D一）

余談冒頭の言葉、《存在するもののそれぞれには知識が産み出されるさいに経由する必要のあるものが三つあります》には、セクストスによるストア派の主張の引用の冒頭に出てくる《三つのものが相互に結びついている》が正確に対応しているだけではない。ここで言及されている《三つのもの》（セーマイノン σημαῖνον あるいは意味する音声、たとえば「ディオン」と、実在する対象、テューグカノン τυγχάνον と、セーマイノメノン σημαινόμενον）は、プラトンが列挙しているもののなかに登場する同様の要素に対応している。第一の意味する音声（φωνή）はプラトンが名詞（ὄνομα、たとえば「円」がそれで、これを彼はまさしく「音声のなかに」あるものとしている）と呼んでいるものに正確に対応しており、第二の対象（τυγχάνον）は《図に描かれたり消されたり、ろくろで形づくられたり壊されたりする》円、そのつど立ち現われたり起こったりするものに対応している。

問題になるのは、セーマイノメノンおよび「言い表しうるもの」にプラトンの列挙しているもののうちでなにが対応しているのかを同定することである。もしセーマイノメノンおよび「言い表しうるもの」が第四の《音声のなかにも、さまざまな形態の物体のなかにもあるのではなくて、魂のなかにある》ものと同じであるとするなら、このことは「意味されるもの」が非物体的な身分を有していることと符合するが、それはセーマイノメノンおよび「言い表しうるもの」が思考ないし主体の知性と同一であるとみなされるべきであるということを含意する。ところが、ストア派の原典資料は《思考の運動》とのあらゆる符合性を排除していたのだった。残るのは第五のもの――イデア――である。この専門術語（「円それ自体」αὐτὸς ὁ κύκλος）に、ストア派の原典資料が《事柄それ自体》（αὐτὸ τὸ πρᾶγμα）と書くとき、明らかに言及しているようにみえる。プラトン後の哲学の歴史が、すでにアリストテレスから始まって、イデアを消去してしまったり別の仕方で思考したりしようとするさまざまなこころみの歴史であるというのが真実であるとするなら、わたしたちがここで示唆しようとおもっている仮説は、ストア派はイデアに「言い表しうるもの」を置き換えた、あるいは――少なくとも――イデアの場所に「言い表しうるもの」を置いた、というものである。

ℵ　わたしは別の場所（Agamben 2005, pp. 15–16）で、プラトン『第七書簡』のテクストを近代版の大多数が採用している《第五には、認識しうる当のものが置かれなくてはなりません》ではなくて《第五には、それをつうじて（δι' ὅ）（それぞれの存在するものが）

認識しうる当のものが置かれなくてはなりません》とするのが適切であることを明らかにしておいた。

ℵ セクストスの引用しているストア派の原典資料が『第七書簡』の余談との直接的関係のなかで組み立てられていることは、それがアリストテレスの場合には通常「コリスコス」とか「カリアス」という名で出てくる範例的人物の名に代えて、「ディオン」という名、すなわち、プラトンが『第七書簡』のなかでたえず想い起こしている友人の名を使っているという事実からもうかがえる。

6

言い表しうるものがプラトンのイデアと関係しているのではないかという仮説については、これを近代の研究者たちは否定的にのみ受けとめてきた。たとえば、或る研究者が書いているところによると、レクトン〈言い表しうるもの〉は《プラトン的実体ではないけれども、思考と言語活動の客体的内容としての価値はもちうる》とのことである（Schubert 1994, p. 15）。いつもながら、このような否定の仕方には意義深いものがある。というのも、言い表しうるものの学説をイデア理論と逐一批判的に突き合わせながら読んでみるなら、そこからは言い表しうるものの学説の身分が明確になってくる（そして同時に、それはイデアというしばしば誤解されてきたプラトンの考案物にも、新たな光を投げかけてくれる）からである。イデアと同様、言い表しうるものも、知性のうちにも可感的な事物のうちにも、また思考のうちにも対象のうちにも存在せず、両者のあいだに存在する。この意味において啓発的なのは、ストア派が言い表しうるものにかんして「パリュピスタスタイ παρυφίστασθαι」という動詞を使っていることである。それらは現実に存在しているわけではないが、思考や論理的表象の《傍らにあって存続している》（これがその動詞の字義どおりの意味である）。それはちょうどイデアがパラダイム、事物の傍らにあって示されるもの（παρά-δειγμα）であるのと同じである。すなわち、ストア派はプラトンからイデアの特別の存在様式を受け入れ、それをモデルにしてレクトン〔言い表しうるもの〕の存在様式を構想しているのである。ただし、レクトンと思考および言語活動との緊密な関係をそのまま維持しているため、しばしば思考か言語活動のいずれかと混同されるという事態が生じることとなったのだった。言い換えるなら、ストア派は、プラトンの余談の第四の要素と第五の要素をいっしょに（しかしながら、もしセーマイノメノンとレクトンは一致しないというブレイエの指摘が正しければ、両者をけっして混同することはなく）思考しようとこころみているわけである。ここから、ストア派はイデアを概念と同一視してしまったのではないか（ἐννοήματα τὰς ἰδέας ἔφασαν ―― Arnim 1903, II, 360; cf. I, 65）という原典資料のなかでしばしば繰り返しなされている主張が出てくることとなる。

しかしながら、言い表しうるものはつねにたんに言語的なものではなくて強く客観的な身分を保持している。言い表しうるものの領域を言語活動の領域と混同しているようにみえながら、じっさいには両者を明確に区別したままにしている二つのくだりを、この見方に立って、いっしょに読んでみることが重要である。《言い表しうるもの（λεκτόν）はすべて語られなければならず（λέγεσθαι δεῖ）、このことから「言い表しうるもの」と呼ばれているのである》（Sextos Empeiricos 1842, VIII, 80, p. 304 = Arnim 1903, II, 167）というくだりと《語る（λέγειν）ということは、たんに音声を発する（προφέρεσθαι）ということとは異なる。音声（φωναί）は発せられるだけであるが、事柄は語られる（λέγεται τὰ πράγματα）からである。すなわち、事柄はまた言い表しうるものでもある（λεκτὰ τυγχάνει）のだ》（ディオゲネス・ラエルティオス『ギリシア哲学者列伝』七・五六＝Arnim 1903, III, 20）というくだりがそれである。語られなければならないものは、あえて断るまでもなく、語られるものと一致しないだけでなく、音声を発することと語ること、音声（φωνή）と事柄（πρᾶγμα）、発話の行為とそこで問題になっているものとは互いに異なる。言い表しうるもの（λεκτόν）は事柄でもなければ音声でもない。それは言い表しうるものであるかぎりでの事柄、音声のなかに召喚されているかぎりでの事柄であって、それはちょうど『第七書簡』においてイデアがたんに事柄であるわけではなく、認識可能な状態にある「事柄それ自体」であるのと同じである（ここでは、認識可能なもの——グノーストン γνωστόν——は言い表しうるもの——

レクトン λεκτόν ——に正確に対応している)。

ℵ　ハイデガーは何度となく、正当にも、「レゲイン(λέγειν)」はたんに《語る》と同じ意味ではなく、語源的に《いっしょに集めて現前させる》ことを意味すると強調している(Heidegger 1987, pp. 266–269 —— "Ver-sammlung ist das ursprüngliche Einbehalten in einer Gesammeltheit"(集めるということは、根源的に或るひとつの集合体のうちに留めおくということである))。"λέγεται τὰ πράγματα" は「事柄が話者によって音声のなかで表現されるようになる」という意味ではなく、「表示され集められて現前させられる」ことを意味している。すなわち、それは存在論的なテーゼであって、たんに論理学的なテーゼではないのだ。同様に、アリストテレスが "τὸ ὂν λέγεται πολλαχῶς" と書くときにも、通常なされているように、たんに「存在するという語は多くの意味で言われる、多くの意味をもっている」と訳されるべきではなく、「存在は多くの仕方で集められて現前させられる」と訳される必要がある。

7

ストア派以前に、すでにアリストテレスも、『第七書簡』に含まれている認識理論と突き合わせてみずからの立場を測定していた。西洋における言語活動にかんするあらゆる省察に何世紀にもわたって影響を及ぼしてきた著作『命題論』のなかで、アリストテレスは言語的意味作用の過程を『第七書簡』の余談のテクストに――一見したところ、なんの関係もないようにみえるものの――対位させつつ読まれてしかるべき仕方で定義している。

　音声のうちにあるもの（τὰ ἐν τῇ φωνῇ）は魂のうちに（ἐν τῇ ψυχῇ）刻印されたものの象徴であり、書かれたものは音声のうちにあるものの象徴である。そして、文字がすべての人々にとって同一ではないように、音声もすべての人々にとって同一ではない。けれども、それら〔音声と文字〕がまずもってその象徴であるところのもの、すなわち魂のうちに刻印されたものは、すべての人々にとって同一である。そして、これら〔魂のうちに刻印されたもの〕がその類似物であるところの事柄（πράγματα）も、すべての人々にとって同一である。（『命題論』一六a三―七）

じっさいにも、アリストテレスが理解の様態を分節化するにあたって採用している三分割（音声のうちにあるもの、魂のうちに刻印されたもの、事柄のうちにあるもの）は、音声のうちにあるもの（名詞と定義《ロゴス》）、魂のうちにあるもの（認識、知性、意見）、ソマトーン・スケーマシン σωμάτων σχήμασιν のうちにあるもの（可感的対象）のプラトン的区分をそのまま踏襲している。

ところが、イデア理論にたいするアリストテレスの執拗な批判と一貫して、「事柄それ自体」は姿を消してしまっている。アリストテレスがプラトンの『第七書簡』における認識理論のリストを『命題論』で取りあげた狙いは、じつをいうと彼の師の思想を論駁することにあったのであって、彼はイデアをヘルメーネイアの過程、音声と概念をつうじての世界の解釈の過程から放逐してしまったのだった。音声、概念、事柄とならんで文字という第四の要素が姿を見せていることは、師のテクストにたいしてそれとなく論戦をしかけたものと受けとる以外に説明がつかない。この論戦は目立たないよう配慮がなされているが、注意深い読者の眼には明々白々である。じっさいにも、『第七書簡』の余談がまさしく事柄それ自体にとってエクリチュール（文字で書き記すこと）では不十分であることを論証することにさしむけられていたのにたいして、ここでは、文字が音声の象徴であると同時に構成要素でもあるかぎりで、ロゴスが可知性を有していることの第一の保証をなしている。

ℵ　プラトン、アリストテレス、ストア派における認識の構成要素を比較対照した一覧を提示しておこう。

プラトン	アリストテレス	ストア派
名詞	音声	意味するもの
定義	魂のうちに刻印されたもの	意味されるもの
物体と形あるもの	事物	対象（τυγχάνον）
知識、概念	文字	
事柄それ自体（イデア）		言い表しうるもの（事柄それ自体）

アリストテレスではイデアは単純に追放されてしまっているのにたいして、ストア派はそれに言い表しうるものを取って代えている。

プラトンのリストは、知識をその構成要素のなかに包含しているかぎりで、認識の理論に尽きるものではないということ、そして認識に所属するのではなくて認識を可能にするなにものか――イデア――を狙っているということを指摘しておくことが重要である。

8

ここまでわたしたちは、レクトン〔言い表しうるもの〕というストア派の概念が意味するものを明確にするために、それとプラトンのイデアとのあいだに認められるいくつかの類似点とありうる関係を示そうと努めてきた。だが、もしわたしたちの仮説が正しいとするなら、なぜストア派はイデアの代わりに——あるいは少なくともイデアの場所に——彼らが配置しようとしたものを「言い表しうるもの」と呼ぶことにしたのか、その理由を問うてみなければならない。『第七書簡』の余談のテクストはこの呼称と矛盾するのではないだろうか。そこでは、プラトンは、自分がまじめに取り組んでいるものは《他のもろもろの概念（μαθήματα）のようにはどんな仕方においても語る（ῥητόν）ことができない》と主張することによって、事柄それ自体に言い表しえないものの身分を授与しているようにみえるのである。

しかし、ここで問題になっているのは絶対的に言い表しえないということではなくて、《他のもろもろの概念》の有する身分とは異なった、言い表しうるものの特別の身分なのである。このことを理解するためには、この主張をそれが余談のなかで占めているコンテクストのなかに置いてみれば十分である。じっさいにも、プラトンは少しあとで《先の四者を把握しないかぎり》（それらのなかには名詞と定義《ロゴス》も入っている）、第五のものも完全に認識することはできないだろうと述べている。またつづいては、事柄それ自体の認識は《名前や定義《ロゴス》や眼に映じたものや感覚したものが互いに突き合わされ、吟味にかけられて、懇切丁寧に反駁されたり腹蔵のない問答が交わされたりした》あとでようやく生じると付け加えている（『第七書簡』三四四B四—七）。そのうえ、これはイデアとは《定義《ロゴス》によって最もよくとらえることのできるもの（ἐκεῖνα ἃ μάλιστά τις ἂν λόγῳ λάβοι）》のことであるという『パルメニデス』（一三五E三）の誤解の余地のない主張とも符合する。

したがって、『第七書簡』の余談の意味するところを理解するということは、言い表しうるものと言い表しえないものの対立を中和化し、それとともに、イデアと言語活動の関係を再考するということを含意している。

9

イデアと言語活動の関係についての陳述は、イデアともろもろの可感的なものとは同名異義的である、すなわち、両者は相異なっていながら同じ名前をもつという、一見したところでは言わずもがなにみえる確認から出発しなければならない。アリストテレスが『形而上学』でプラトンの哲学を要約したさいに中心に置いているのは、まさしく、イデアともろもろの可感的事物とのあいだに認められるこの特異な同名異義性にほかならない。《そこでプラトンは、これらの存在するものをイデアと呼び、そして、もろもろの可感的事物はすべて、それぞれの名前のイデアに従い、そのイデアに対応してそう名づけられる（τὰ δ' αἰσθητὰ παρὰ ταῦτα κατὰ ταῦτα λέγεσθαι πάντα）と主張した。じっさいにも、或るイデアと同じ名前をもつ多くの可感的事物は、そのイデアにあずかることによって、そのイデアと同名異義的なものとして存在する（κατὰ μέθεξιν γὰρ εἶναι τὰ πολλὰ ὁμώνυμα τοῖς εἴδεσιν）》（九八七b八―一〇）（アリストテレス『カテゴリー論』一a一―一一によると、同名同義的であるのは同じ名前と同じ定義をもつ存在するものであり、同名異義的であるのは同じ名前をもつが定義が異なる存在するものであるという）。

もろもろの可感的事物とイデアが同名異義的であるということ、それどころか、事物はイデアにあずかることによって名前を受けとるということは、プラトンによって何度も繰り返し強調されている。『パイドン』七八E――《たとえば人間、馬、衣服のような多くの事物、［……］イデアと同じ名前をもつあらゆる事物については、どうであろうか》。『パイドン』一〇二B――《ほかの事物はイデアにあずかることによってそれと同じ名前を受けとる》。ほぼ同じ言葉が『パルメニデス』一三〇Eに出てくる。《なにかイデアのようなものが存在していて、他のものは、そのイデアにあずかることによってそれと同じ名前を受けとる》。また『国家』五九六Aにも出てくる。《ぼくらは通常、多様な事物のそれぞれに単一のイデアのようなものが存在していることを認めていて、それらに同じ名前を与えている》。そして、まさにこの同名異義的なものの存在を認めているという点をとらえて、アリストテレスは彼の師を非難し、こう書くのだった。

《もしイデアのかたちと事物のかたちが同じでないとしたなら、そのときには、両者は同名異義的であるということになるだろう。それはあたかもだれかが生身の人間と木像をともにカリアスと呼びながら、この両者のあいだになんらの共通性（μηδεμίαν κοινωνίαν）をも見てとらないでいるようなものである》と（『形而上学』九九一a五—八）。

ℵ　ここで引用したアリストテレスのくだり（『形而上学』九八七b八—一〇）の理解はベッカー版の訂正によって部分的に歪められてきた。ベッカー版は、最も権威ある写本（Parisinus 1853）や他のすべての写本には（二つの写本、Laurentianus 87.12 と Parisinus 1876 を例外として）出てくるにもかかわらず、“ὁμώνυμα”〔同名異義的なもの〕という語を削除してしまったのだ。フリードリヒ・アドルフ・トレンデレンブルクは、わたしたちも見てきたように、プラトンが語っているのは同名異義的なものについてであって、同名同義的なものについては一度も語っていないという事実を読者に注目させたことがあった。こうしてイェーガー版（一九五七年）では“ὁμώνυμα”が再導入されているが、しかしながら、“τῶν συνωνύμων”〔かくては同名同義的なもの〕という語が括弧で囲んで挿入されている。しかし、写本のテクストは完全に明確であって、なんらの修正をも必要としていない。アリストテレスは、この点ではプラトンに忠実であって、同じ名前をもつ（それゆえに同名同義的である）さまざまな可感的事物（たとえば現に生きている馬）はイデアにたいしては同名異義的になる（馬はイデアと名前を共有しているが、定義は共有していない）と言おうとしているのである。

“τὰ δ' αἰσθητὰ παρὰ ταῦτα κατὰ ταῦτα λέγεσθαι πάντα” という文言にかんしては、ハロルド・チャーニスとウィリアム・デイヴィッド・ロスは正当にも、《もろもろの可感的事物はそれら〔イデア〕から切り離されて存在しており、いずれもそれらにしたがって名づけられる》という、慣例となっている翻訳は不正確であり、写本にはない “εἶναι” 〔存在する〕という語が挿入されていることを想定した翻訳である、と指摘している（Cherniss 1944, p. 178）。

10

したがって、イデアはもろもろの可感的事物がそこからそれらの名前を引き出す統一的原理である。あるいはより正確には、多数ある可感的事物が一個の総体を構成し同じ名前をもつようにさせるものなのだ。もろもろの事物がイデアにあずかることから受けとる最初の成果は命名である。この意味で、もし名前とイデアのあいだに本質的な関係が存在するとするなら、しかしながらイデアは名前と一体化するわけではなく、むしろ、どうやら名づけ可能性の原理、それにあずかることによってもろもろの可感的事物がそれらの呼称を見いだすところのものであるようなものだ。だが、この原理はどのようにとらえればよいのだろうか。それが、そこから自分たちの名前を引き出している可感的事物との関係から独立に、実質的内容をもつとかんがえることは可能なのだろうか。

まさにこの点にイデア理論へのアリストテレスの批判はさしむけられているのだから、まずもってはそうした批判を検討しておくのがよいだろう。アリストテレスはイデアと可感的なものの関係を《全体にしたがって言われるもの》（τὰ καθόλου = τὰ καθ' ὅλου λεγόμενα ――アリストテレスは“τὸ ἓν ἐπὶ πολλῶν”、「多くのものの上に立つ一つのもの」という表現も使っている）ともろもろの個物にしたがって（καθ' ἕκαστα）言われるものの関係から出発して解釈している。ちなみに、わたしたちは“καθόλου”を「普遍的なもの」と訳すのをさしひかえる。というのも、まさしくこのようにイデアの問題を〈普遍的なものの問題〉（quaestio de universalibus）と同一視したことが、アリストテレスに始まって、古代末期の註解者たち、さらにはスコラ哲学にいたるまでのイデア理論の受容史とそこにおける誤解の特徴をなしてきたからである。

じっさいにも、アリストテレスは書いている。ソクラテスは初めて全体にしたがった定義を見いだそうと努めたが、《しかし、彼は全体にしたがって言われるもの（τὰ καθόλου）を離れて存在する（χωριστά）ものとはみていなかった。ところが、あの人たち〔「プラトン主義者たち」〕はそれを切り離した。そして、そのように離れて存在するものどもをイデアと呼んだ。またここから、全体にしたがって言われるもの（τῶν καθόλου λεγομένων）にはすべてそれぞれのイデアがあるという帰結を引き出した［……］》と（『形而上学』一〇七八b一八以下）。『形而上学』の第一巻において哲学的諸学説の歴史を短く概観したなかで、アリストテレスはプラトンのイデア理論をつぎのように要約している。《イデアを最初に置いた人々は、可感的な存在するものの原因をとらえようとして、数においてこれらの存在するものに等しい別の存在するものを導入した。それはあたかも、ひとが物を数えようとする場合、数が少なくては数えられないとおもって、その数を多くして数えようとするかのようである。じっさいにも、〔彼らによると〕エイドス〔イデア〕の数は、彼らがそこから出発してその原因の探究に向かっていったさいの存在するものの数とほぼ等しいだけあり、あるいはこれらより少なくはないのだった。それぞれの存在するものには多くのものの上に立つ一つのもの（ἓν ἐπὶ πολλῶν）が存在するのであって、そうした存在するものごとに同じ名前の或るものが、この世のことどもについても、永遠のことどもについても、それの実体のほかに存在しているというわけである》（『形而上学』九九〇a三四―b八）。

　アリストテレスによると、まさしく、このように「全体にしたがって言われるもの（τα καθόλου）」を切り離してしまった点にこそ、プラトン主義者たちの誤りはあるのだった。《「一」は「存在」と同じような仕方で言われる（τὸ ἓν λέγεται ὥσπερ καὶ τὸ ὄν）。そして「一」と言われるものの実体（οὐσία）は一つである。また、実体が数において一つである事物はそれら自体が数において一つである。だから、明らかに、「一」も「存在」も事物の実体ではありえない。それは「要素」とか「原理」とか（το στοιχείῳ εἶναι ἢ ἀρχῇ）が実体ではありえないのと同様である。［……］

「存在」と「一」は「原理」や「要素」や「原因」よりもいっそう多く実体であってしかるべきはずであるが、そうではない。なぜなら、共通のもの（κοινόν）はなにものも実体ではないからである。じっさいにも、実体は、その実体自身に属するか、それが所有していてその実体をなしているものに属するものについて以外には、他のなにものについても言われない。また、一つであるものは同時に多くの仕方で（πολλαχῇ）存在することはできないのにたいして、共通のものは同時に多くの仕方で言われる。したがって、全体にしたがって言われるものはなにひとつとして個々の事物の傍らで離れて存在する（παρὰ τὰ καθ᾽ ἕκαστα χωρίς）ことはないのは、明らかである。エイドス〔イデア〕（τὰ εἴδη）の存在を主張する人々がそれらが離れて存在すると言っているのは、彼らにとってはそれらが実体であることからすれば正しい。しかし、ほんとうは正しくない。というのも、彼らは多くのものの上に立つ一つのもの（τὸ ἓν ἐπὶ πολλῶν）をエイドス（εἶδος）と呼んでいるからである。正しくない理由は、そのような個々の可感的事物の傍らに存在する（παρὰ τὰ καθ᾽ ἕκαστα καὶ αἰσθητάς）不滅の実体とはなんであるのかを彼らは立証することができていないということである。彼らはこれらのものを消滅する事物とエイドスにおいて等しいとする。そして「人間それ自体」（αὐτοάνθρωπον）とか「馬それ自体」（αὐτοίππον）と言うのである。可感的なものの名前の前に「それ自体」（αὐτό）という語を付け加えることによってである》（『形而上学』一〇四〇b二二―一〇四一a五）。

すなわち、アリストテレスはプラトン主義者たちを「全体にしたがって言われるもの（τὸ

καθόλου)」に可感的事物から切り離された実体と現実存在を与えようとしたといって非難しているのである。彼によると、普遍的なもの——こうラテン語の註解者たちは"τὸ καθόλου"(「全体にしたがって言われるもの」)を訳すこととなるだろう——は、けっして実体であることはできず、個々の可感的事物のなかにのみ現実に存在しているのだった。すなわち、プラトンは「人間」あるいは「馬」という総称的名詞の意味内容を実体化しようとしたのであり、それを個々の人間や個々の馬から切り離し、可感的なものとの同名異義的な関係のなかでそれに言及しようとして、共通の名前の前に「それ自体」という代名詞を付け加えたというわけである(「人間それ自体」、「馬それ自体」)。

11

まさに「イデア」という言語的表現の分析から出発してこそ、アリストテレスの解釈の不適切さを明らかにすることが可能となる。と同時に、プラトンの理論のより正確な理解にむけて接近していくことが可能となる。

「それ自体」という前方照応《アナフォラ》的代名詞を置くことによってイデアの性質を言語的に表現するということは、アリストテレスには問題の多い措置と映らざるをえなかった。じっさいにも、彼は

『ニコマコス倫理学』のなかで《「人間それ自体」（αὐτοάνθρωπος）にとっても現実に存在する生身の人間（ἄνθρωπος）にとっても「人間」というただひとつの同じ定義が存在するのだから、彼ら〔プラトン主義者たち〕が「事柄それ自体」という表現によってなにを言おうとしているのかと尋ねる人は困惑させられることとなるだろう》と主張している（『ニコマコス倫理学』一〇九六a三四―b一）。また『形而上学』のなかでも、彼はプラトンの『第七書簡』における余談に出てくる円のことを明らかに暗示しつつ、同じ意味で、《絶対的な意味で言われる（ἁπλῶς λεγόμενος）円も、個々の円も、同名異義的な意味で言われる。それらのそれぞれにとって特有の名前（ἴδιον ὄνομα）は存在しないからである》と書いている（『形而上学』一〇三五b一―三）。ところが、アリストテレスにとってはアポリア的なものでしかなかった「それ自体」という代名詞の使用こそが、イデアと可感的事物とのあいだの同名異義的関係を中和化することを可能にするとともに、プラトンにとって、イデアにおいてなにが問題になっていたのかを理解することを可能にするのである。

『第七書簡』でイデアの例示として用いられている“αὐτὸς ὁ κύκλος”――「円それ自体」――（アリストテレスが引用しているような“αὐτόκυκλος”ではない）という表現に立ち戻ろう。イデアは特有の名前をもたないだけでなく、名前と一致することすらない。それはむしろ、前方照応《アナフォラ》的代名詞“αὐτός”（それ自体）の形容詞化をつうじて指示される。

代名詞は、名詞とは異なって、辞書的な意味内容（フレーゲのいう“Sinn”〔意義〕あるいはミルネールのいう「潜在的指示対象」）をもたない。前方照応《アナフォラ》的代名詞（"αὐτός"のような）を定義しているのは、それが現実の一断片を指示しうるのはこの現実の一断片がすでに意味付与された別の語をつうじて表示されてしまっているかぎりにおいてであるということである。すなわち、それは潜在的指示対象を欠いた語――前方照応《アナフォラ》化する代名詞――と潜在的指示対象を付与された語――前方照応《アナフォラ》化された名詞――とのあいだに相互指示の関係と再取得の関係が存在することを含意している（Milner 1982, p. 19）。〔「アナフォラ」（前方照応）という術語がそこから派生した〕「アナフェロー ἀναφέρω」という動詞のもつ意味のひとつにしたがって、それは事物をそれが先行する名前によってすでに指示されていたという事態のなかで「再取得」する。「ぼくには円が見える。それがきみにも見えるかね」という例を見てみよう。前方照応《アナフォラ》的代名詞「それ」は、それ自体としては潜在的指示対象を欠いているが、それに先行する「円」という語との関係をつうじてそうした指示対象を獲得するのである。

『第七書簡』における余談の問題の一節を再読してみよう。

> 「円」と呼ばれるなにものか（κύκλος ἐστί τι λεγόμενον）が存在します。そしていまわたしたちが〔「エン」と〕発した音声がそのままそれの名詞です。第二のものはそれの定義（λόγος）で、名詞と動詞で構成されています。たとえば、「末端から中心までの距離がどの点においても等しい」といったのがそれで、これが「円い」とか、「周りの円い」とか、「円」といっ

た名前をもつものの定義（λόγος）なのです。第三のものは、図に描かれたり消されたり、ろくろで形づくられたり壊されたりするものですが、このことによって円それ自体（αὐτὸς ὁ κύκλος）はなんら変化をこうむることはありません。この円それ自体にはこれら第一・第二・第三のものすべてが対応しているのですが、それはこの円それ自体がそれらとは異なっているからなのです。

“αὐτός” はなにに関連づけられているのだろうか。それのなかで、なにが、またどのようにして、「再取得」されているのだろうか。まずもって問題になっているのは、ここではたんに同一性の関係ではない。このことは、プラトンがそうでないと明言していることにくわえて、その連辞 “ὁ αὐτὸς κύκλος” の文法的構造によっても排除される。代名詞 “αὐτός” は（「同じ」という意味で名詞の近くに置かれた場合には）ギリシア語で二つの仕方で構築される。同一性（ラテン語の idem）を表現するか、自体性（ラテン語の ipse）を表現するか、のいずれかである。“ὁ αὐτὸς κύκλος” は「同じ円」（同一性という意味においての）を指し、これにたいして、“αὐτὸς ὁ κύκλος” は、わたしたちがいま明確にしようとしており、プラトンがイデアのために利用している特別の意味においての「円それ自体」を指している。じっさいにも、“ὁ αὐτὸς κύκλος” の場合には、代名詞は冠詞と名詞のあいだに挿入されていて、じかに名詞に関連させられているが、“αὐτὸς ὁ κύκλος” の場合には、代名詞は冠詞と名詞からなる連辞に関連させられている。ギリシア語の冠詞“ὁ”はもともと前方照応《アナフォラ》的代名詞の価値をもっていて、言われ名指しされたものであるかぎりでの事物を指している。このために、のちになってはじめて、それはアリストテレスが「全体にしたがって（καθ᾽ ὅλου）」と呼ぶ指示作用、たとえば、個々の円と対置された「円なるもの」一般、普遍的な円を指示する価値を獲得することができるようになるのである（冠詞を欠いているラテン語の話者たちは、このために総称的な語の表現方法をはっきりさせるのに難儀したのだった）。

そのうえ、明らかなことであるが、第五のもの、円それ自体（αὐτὸς ὁ κύκλος）は、プラトンが倦むことなく強調しているように、余談のなかで挙げられている三つの要素のどれにも、「円」という名詞にも、その潜在的指示対象（これは定義と同一のものであって、「円」という普遍的な語に対応する）にも、可感的な個々の円（現実に存在する指示対象）にも、関連づけられることはできない。また、それは——プラトンがすぐあとで（『第七書簡』三四二C八）念押ししているように——認識やそこからわたしたちが知性のなかで形成する概念にさえも関係づけられることができないのである。

そのときには、“αὐτὸς ὁ κύκλος”という連辞が再取得するものは、リストを掲げるにあたって最初に置かれながら同時にリストから外されたままになっている“κύκλος ἐστί τι λεγόμενον”（《「円」と呼ばれるなにものかが存在します》——字義どおりには《「円」が言われているなにものかなのです》）という表現のうちに含まれているもの以外のものではありえない。それがリストから外されているということ、いわば最初のもの以前のものであるということは、序列の第一番目に置かれている名詞がそれに言及するには“ᾧ τοῦτ᾽ αὐτὸ ἐστιν ὄνομα ὃ νῦν ἐφθέγμεθα”（字義どおりには「いまわたしたちが〔「エン」と〕発した音声がそのままそれの名詞である」の意）であるところのもろもろの前方照応《アナフォラ》的代名詞を経由する以外にないという事実によって疑いの余地なく証明されている。

א　バンヴェニストは、「あるじ」を意味するラテン語のpotis（およびこの語がそこから出てきた同じくラテン語のpot）のもともとの意味は《正確には、彼自身》を意味する小詞（ラテン語ipseにおけるように、形容詞または代名詞の場合が多い）によって表現された、或る人物の同一性に言及したものであることを明らかにした（《話のなかで問題になっていた対象》へと送付するヒッタイト語の前接辞petとか、或るなんらかの述語によって指示されているかぎりでの何者かを指示するラテン語のutpote――「まさしく～であるので」――とかがそうである）（Benveniste 1969, I, p. 89）。《「あるじ」を指す言葉がどのようにして「彼自身」を意味するところまで弱まってしまうというようなことがありえたのかを想像するのはむずかしいが、或る人物の同一性および「彼自身」を意味していた形容詞がどのようにして「あるじ」という意味をもつようになりえたのかは容易に理解される》（ibid., p. 90）。こうしてバンヴェニストは同じ意味論的移動が多くの言語で見いだされることを示している。ラテン語の ipsissimus がプラウトゥスにおいて「あるじ」を意味しているだけでなく、ギリシア語においても、ピュタゴラス教団のなかでは、αὐτὸς ἔφα ――「彼自身が言った」――は卓越した師ピュタゴラス自身を指していた、等々(ibid., p. 90)。

potis は「それによって名指される名前や言及されるようになる述語を有するかぎりでの何ものか、あるいは何者か」を意味すると訂正することによって、バンヴェニストの定義を補完することができるだろう。プラトンにおける αὐτός の用法の意味はこうしていっそう明確になる。ここで問題になっている同一性は、数的ないし実体的な同一性ではなくて、或る名前をもっているということ、言語活動のなかで一定の仕方で言われるようになったということによって定義されるかぎりでの同一性(あるいはむしろ自体性)なのである。

12

しかしながら、前方照応化《アナフォラ》された語を同定することはとても簡単などころではない。もし"κύκλος"という語のなかでそれを突きとめようとしたなら、円と「円」という名詞との混同が生じることとなり、これに続く文言(《いまわたしたちが〔「エン」と〕発した音声がそのままそれの名詞です》)は余計なものになってしまう。不定代名詞 τι はそのまま残る。そして、これを使って、ストア派は彼らの基本的な存在論的カテゴリーをつくりあげることとなる。しかし、それは潜在的指示対象を欠いた代名詞である以上、前方照応《アナフォラ》的なかたちで再取得されるためには、それに先行する語や後続する語から切り離すことはできない。プラトンが “ἐστί τι κύκλος λεγόμενον” というわかりやすい言い回しを採用せずに “κύκλος ἐστίν τι λεγόμενον”(《「円」が言われているなにものかなのです》)(『第七書簡』三四二B)と書いているのは、おそらく、このようにその不定代名詞 τι がそれに先行する語や後続する語から切り離すことができないということを強調するためではないか、とおもわれる。注意深く分析してみると、その文言が一個の分割不可能な全体をなしていることがわかる。そこで問題になっているのは、円でもなければ、なにものかでもなく、言われているものでもなくて、「円-と言われている-もの-である」ということなのだ。すなわち、プラトンは直接的なものからではなく、すでに言語活動のうちにある存在から出発しているのであり、そこからつぎには弁証法的に、言語活動をつうじて、事柄それ自体へとさかのぼっていこうとしているのである。『国家』五一一B三―C二における弁証法〔問答法〕の有名な定義によるなら、先に置かれたものではない原理=始元(ἀρχὴ ἀνυπόθετος)にはもろもろの先に置かれたものを弁証法的に忍耐強く根絶していくことをつうじて(《もろもろの仮説を原理=始元―― ἀρχαί ――としてではなく、仮説として受けとることによって》)のみ到達しうるのである。円それ自体――これをプラトンは円のピュシスすなわち「生来のあり方=自然本性」(τοῦ κύκλου τῆς φύσεως) とも呼んでいる(『第七書簡』三四二C八)――は、言い表しえないものでもなければ、たんに言語的な性質のなにものかでもない。それは円と言われることのなかで、そして円と言われることによって再取得された円なのだ。

したがって、プラトンがイデアを指示するさいに用いている連辞“αὐτὸς ὁ κύκλος”――「円それ自体」――において、問題になっているのは、アリストテレスがそうと信じていたように、たんに普遍的なもの(ὁ κύκλος、円)ではない。αὐτός は、冠詞によってすでに前方照応《アナフォラ》化された語に関連づけられているかぎりにおいて、円をそれが言われることのなかで、そして言われることによって再取得している。それが言語活動のなかに存在していることのなかで、そして存在していることによって再取得しているのである。また円という語は、それが円を指示するなかで、そして指示することによって再取得している。このために、円それ自体、円のイデアないし生来のあり方=自然本性は四つの要素のうちのどれでもないのであり、またありえないのである。しかしまた、それはたんにそれらと別のものでもない。それは、どんな場合にも四つのもののそれぞれのなかで問題になっていながら、同時に、それらに還元されることがないままになっているものである。すなわち、それをつうじて円が言い表しうるものとなり認識しうるものとなるところのものなのだ。アリストテレスが述べているように、イデアは固有の名前をもたないというのが真実であるなら、しかしながら、それは前方照応《アナフォラ》のおかげで、事柄と完全に同名異義的な関係にあるわけでもない。「事柄それ自体」として、それは事柄をその純粋の言表可能性において意味表示する。名前をそれが事柄を名指す純粋のありようにおいて意味表示する。そのようなものとして、すなわち、それのなかでは事柄と名前とがあらゆる意味表示作用の此方または彼方で分かちがたく共存しているかぎりで、イデアは普遍的なものでも個別的なものでもなく、第三者としてこの両者の対立を中和化するのである。

ℵ 『パイドン』(七六E)において、プラトンはイデアを定義する前方照応《アナフォラ》的運動にはっきりと言及している。《もしぼくらがいつも話している美とか、善とか、すべてそのような真実在が存在するなら、そして可感的な事物をすべてこの真実在のほうへ引き戻してみる(ἀναφέρομεν〔前方照応させてみる〕)なら……》。
こうして逆説的なかたちで実体よりも前に立てられることとなる前方照応《アナフォラ》語 αὐτός が存在論的に還元不可能なものであることは、プロティノスによってとりわけ明確に主張されている。《認識はなにか一なるもの(ἕν τι)であるが、一なるものは何ものかなしに存在する(ἄνευ τοῦ τι ἕν)。もし何ものかが存在するとしたなら、それは一なるものそれ自体(αὐτοέν)ではないだろう。なぜなら、「それ自体」(αὐτό)は何ものかよりも前に(πρὸ τοῦ τι)存在するからである》(『エンネアデス』五・三・一二)。

ℵ あらゆる記号は意義(Sinn)と意味(Bedeutung)をもつと主張するフレーゲは、わたしたちは或る語をその語の意味についてではなく、その語自体の物質的実在や(たとえば、わたしたちが「"rosa"〔薔薇〕という言葉は四文字からなる」と言うときがそうである）、その語の意義について——その語が或る実在的な意味に言及しつつあるということとは無関係に——語るつもりで使う場合が何度かある、と指摘している。わたしたちが引用符を使うのはこの言葉の特別の使い方を示すためである。

しかしながら、語をその物質的実在やその意義においてではなく、なにものかを意味するその意味表示作用において指示しようとしたなら、すなわち、薔薇を指示する「薔薇」という名前の場合には、なにが起こるだろうか。ここでは言語活動は限界に突きあたる。そして、たとえ引用符を使ったからといって、その限界を迂回できるとは言い張れない。対象としての「薔薇」という名前（ノーメン・ノーミナートゥム nomen nominatum）を指示することはできるが、現に薔薇を指示している最中の名前それ自体（ノーメン・ノーミナーンス nomen nominans）を指示することはできないのだ。これが、フレーゲが《「馬」という概念は概念ではない》という定式で表現し、ミルネールが《言語的な術語は固有名をもたない》という公理で表現した逆説の意味である。ウィトゲンシュタインが『論理哲学論考』のなかで《名前はそれが指示しているものがひとつの対象であることを示す》が、その対象を指示しているという事実を言い表すことはできない（四・一二六）と書くときにも、似たようなことをかんがえていた。

このように「薔薇」という名前を名指すことができないということ（このために薔薇と同名異義的な関係にあるということ）こそは、薔薇のイデア、薔薇それ自体において問題になっていることである。αὐτός〔それ自体〕という前方照応《アナフォラ》的代名詞の形態において再取得することによってしか「薔薇」という名前を名指すことができないということを表現しているかぎりで、イデアは言語活動のもつ名指しする能力が停止せざるをえない点を画す。そして、名前が名指しするものであるかぎりで自分自身を名指しすることはできないでいるということは、薔薇それ自体、純粋に言い表しうるものとしての薔薇を現出させることとなるのである。

13

この見方に立つなら、名前としてのイデア〔理念〕というベンヤミンの読みをよりよく理解できるようになる。ベンヤミンによると、もろもろのイデアは現象の領域からは取り去られていて、それらの名前（あるいはそれらが名前をもつこと）の領域のなかでのみ与えられるという。《真理の構造は、志向性が欠如している点ではもろもろのたんなる事物の存在に似ているが、恒存性という点ではそれよりも優っているひとつの存在を要請する。〔……〕いっさいの現象性を取り去られた存在、この力が属する唯一の存在は、名前の存在である。名前の存在こそがもろもろのイデアの所与性を規定している。しかし、もろもろのイデアが与えられるのは本源的な言語

(Ursprache) のなかにおいてではなく、本源的な聴き取り (Urvernehmen) のなかにおいてである。この本源的な聴き取りのなかでは、言葉は〈名づける〉といううみずからの高貴な素性を、なおも認識を担う意味のなかで見失われてしまうことなく、保持している。[……] イデアは言語的なものである。より正確には、言葉の本質のうちにあって、そのつど、言葉がそこにおいて象徴をなすところの契機である》(Benjamin 1963, pp. 17–18)。

ここで問題になっているのは、たんに直後のヘルマン・ギュンテルト『神々と精霊たちの言語』(一九二一年) の著者) からの引用が示唆しているような《言葉の神化》ではなく、言語活動のなかにあって、意味表示作用とは無縁で意味表示作用には還元されえない領域を、それだけを切り離して取り出すことである。すなわち、名前の領域——あるいはむしろ名づけることの領域——がそれであって、これをベンヤミンはアダムへの送付をつうじて例解している。《この所作はプラトンの所作であるだけでなく、究極的には、哲学の父としての人間の父、アダムの所作である。アダムがおこなった名づけは遊びや勝手な思いつきではまったくないのであって、むしろ、そのアダムによる名づけのなかで、楽園の状態こそが伝達を担う言葉の意味とまだ格闘する必要のなかった状態であることが確認されるのである》(ibid., p. 19)。

言語活動の二つの平面——名前と言論《ロゴス》——が根源的に非対称であることを主張した最初の人物は、アンティステネスであった。彼は単純で最初の実体については言論《ロゴス》は存在しえず、名前のみがありうると主張したという。『テアイテトス』のなかでソクラテスはこのテーゼに言及して、最初の要素については《それぞれがそれ自体のうちにそれ自体にたいして（αὐτὸ καθ' αὑτό）存在していて、ただその名前を呼びうるのみであって、それ以外になにも付け加えることはできないのです。「存在する」とか「存在しない」とか、［……］「それ自体」（τὸ αὐτό）とか「あのもの」（ἐκεῖνο）とか、「おのおの」（ἕκαστον）とか「それだけ」（μόνον）とか「これ」（τοῦτο）とか［……］付け加えてはならないのです。最初の要素のどれひとつとして言論《ロゴス》をもって語ることは不可能なのです。なぜなら、それは名前だけをもつ（ὄνομα γὰρ μόνον ἔχειν）からです》と主張している（『テアイテトス』二〇一E以下）（ウィトゲンシュタイン『論理哲学論考』の命題三・二二一も同じ言葉で表現されることとなる。《対象にはわたしは名前を与えることができるだけである。［……］わたしは対象について語ることはできるが、対象を言い表すことはできない》）。

プラトンがみずからを測定する規矩にしようとするのは、この言語活動の二つの平面の非対称性である。名前だけが存在する言語の平面に定位することで、イデアは、名づけられて同名異義的なものに転化するという事実によって個々の事物にはなにが起きるのか、を思考しようとする。すなわち、もろもろのイデアは一般的なものの反対物なのであるが、しかしまた同時に、なぜそれらがこの意味で普遍的なものであると誤解されるようなことがありえたのかが理解されるのである。個別的なものに名前を与えることによって、言葉はそれを同名異義的なものとして、言い換えるなら、あらゆる他の性格や資質以前のところでもっぱら同一の名前をもつという事実によって定義されたものとして、構成する。いくつかの共通の特徴を分かちもっているということではなくて、同名異義的であるということ、名前をもつというただそれだけの事実が、もろもろの現象とイデアとの関係を定義するのである。そして、このように事物が純粋に名前をもつということのなかでみずからの傍らに立っているという事態をプラトンは、アンティステネスに反対して、αὐτό〔それ自体〕という前方照応詞《アナフォラ》をつうじて指示しようとするのだった。"αὐτὸς ὁ κύκλος"——「円それ自体」——は、円を意味表示作用のレヴェルにおいてではなく、それが名前をもつというただそれだけの事実のなかで捕まえるのであり、そのような純粋の言表可能性だけが言論と認識を可能にするのである。

14

ヘルマン・ウーゼナーは、その著書『神々の名』のなかで、宗教的概念の形成と神々の名の形成とのあいだには緊密な含意関係が存在することを立証した。ウーゼナーによると、名前は《或る概念の約定的な記号（νόμῳ）でもなければ、事物自体とその本質（φύσει）をとらえた呼称でもない》。それは《自我ではないなにものかと》突然出遭って受けた印象の沈殿物である（Usener 1896, p. 46）。神々の名の形成は、絶対的な単独性から特殊的なものへと進んでいき、それが類概念となって固定されるにいたる、これらの言語的概念の形成を反映している。したがって、名前の出来《しゅったい》――ウーゼナーが好んで使用していたイメージによると、言葉の《鋳型》――は、とりわけ太古の時代にかんしては、或る民の宗教的な概念と表象の形成を探求するための不可欠の道具なのだった。こうして彼はどのようにしてあらゆる事物やあらゆる重要な行動のために言語活動のなかで《瞬間の神》（Augenblicksgott）が創造されたか、そしてその神の名がなされた行為の名と一致し、それが規則的に反復されることをつうじて《特殊的な神》に変容し、さらにのちには人称的な神に変容していったか、を明らかにしている。古代ローマの神名集（indigitamenta）は農業の個々の行為や時点に対応する神々の名をわたしたちのもとに伝えている。――五月の最初の休閑（vervactum）を名指すウェルウァクトル（Vervactor）、種蒔きの行為を名指すインシトル（Insitor）、馬鍬を使った田畑の耕作に対応するオッカトル（Occator）、土地の施肥に関連したステルクリヌス（Sterculinus）、等々。

ウーゼナーは、認識を反復と抽象化をつうじて特殊的なものから一般的な類概念へと導いていく過程としてとらえていた彼の時代の心理学理論の影響を受けていた。しかしまた彼は、或るひとつの固有の名に結晶化することによって、特殊的な神はその固有の法則にしたがって自由にみずからを拡大していき、つねに新しい呼称の形成へと導いていくことに何度となく注意を喚起している。こうしてウーゼナーの研究においては、神名は神々の像の誕生と歴史的変成の暗号か内的法則のようなものになる。ウーゼナーの仮説をおそらくは彼の意図を超えて発展させることによって、名前の出来《しゅったい》と神の出来《しゅったい》とは一致する、と言うことができるのかもしれない。神は名前のなかに姿を現わした瞬間における事物ないし行動にほかならない。神はノーメン・アゲンティス nomen agentis〔行為者の名〕という形態においては個々の行動と同名異義的関係にある。オッカトルは馬鍬で土地を耕作することと、インシトルは種蒔きをすることと、ステルクリヌスは排泄物で土地に施肥することと同名異義的関係にある、等々。しかしまた、それらが自立した像へと進化していくことが示しているように、それらはたんに個々の行動と一致するのではなく、むしろ、個々の行動が名指しされることと一致するのである。

ここにおいてウーゼナーの学説とプラトンのイデア理論との類似性が明確になる。起源においては、名前は概念ではなく神をつうじて事物を名指しするのと同じように、プラトンにおいては、名前はただ可感的事物（あるいは概念）だけを名指しするのではなく、まずもってはそれの言表可能性、つまりはイデアを名指しする。瞬間の神というのは、イデアと同じく、純粋の言表可能性のことなのだ。

15

意味表示作用の近代的理論のすべてがここにおいて問題に付されることとなる。それは意味するもの《シニフィアン》、意義（Sinn）、意味されるもの《シニフィエ》あるいは意味（Bedeutung）という三つの要素の分節化にもとづいている。そしてひるがえっては言葉／概念／事物というアリストテレス『命題論』の意味論的な言語叢（古代末期の註解者たちの言葉を借りるなら《概念をつうじて事物を指示するかぎりでの言葉》）を前提にしている。今日では、言語学者たちは意義を「潜在的指示対象」と呼び、意味を「現実的指示対象」と呼ぶほうを好んでいる。そして前者の定義を与えることにはなんの困難もともなっていないようにみえる一方、どのようにして或る語が具体的な対象に現実にかかわっているのかを説明することは実際上不可能であることを認めている。バンヴェニストの最後の探究が言語は記号論的なものと意味論的なものという相互に交通しあうことのない二つの平面に分割されていて、両者のあいだには通路は存在しないという診断でもって終わっているという——ほとんど言語の科学が難破したことを告げているに等しい——事実は、ここにおいてその意義を余すところなく獲得する。《記号の世界は》と彼は書いている、《閉じられている。連辞形成によってであれ、それ以外の方法によってであれ、記号から文へと移行していく手立ては存在しない。記号と文のあいだにはひとつの断絶が横たわっている》（Benveniste 1974, II, p. 65）。記号にはその潜在的な指示対象が与えられているとして、これはどのようにして現実化されて個々の対象に関連させられるのだろうか（すでにカントは一七七二年二月二十一日付のマルクス・ヘルツに宛てた書簡のなかで《わたしたちの表象はどのようにして対象にかかわることをなすのだろうか》とみずからに問うていた）。

ここで問われるべき問いはむしろ、近代の論理学と心理学が或るひとつのまったく恣意的な装置を留保なく受け入れるといったようなことがどのようにしてありえたのだろうか、ということでなければならない。すなわち、アリストテレス的な装置がそれであって、それは概念としての知性のなかにじっさいには名前のものである性格を導入することで成り立っているのである。名づけ行為——それは概念の起源に位置しており、そのようなものとして『命題論』の言語叢のなかで最初に言及されているのだが——がそもそも始まる瞬間は、奇妙なエポケー〔判断留保〕によって、たんなる象徴として脇に追いやられてしまっている。このようにして、存在と言語活動のあいだの存在論的連関——存在が言い表されるのは名前のなかにおいてであるという事実——は、心理学と意味論の領域へと移送される。そして、このようにして、つねにすでに記憶から消し去られてしまっている。存在論は、西洋哲学の歴史を途絶えることなく印しづけてきた過程にしたがって、つねにすでに認識論へと屈折させられてしまっているのである。

これにたいして、プラトン的モデルは言葉と概念と事物のあいだの連関に尽きることはなく、存在が言い表されるというただそれだけの事実を表現したひとつの要素——イデア——を内に含んでいる。ここでは、認識は特殊的なものから、同じ感覚作用の反復と概念への抽象化をつうじて、一般的・類的なものへと導いていく心理学的な過程——これはじっさいには神話学である——をつうじて説明されることを必要としていない。特殊的なものと普遍的なもの、可感的なものと可知的なものは、名前のなかでイデアをつうじて直接結びついている。存在論は認識論と一致することはなく、認識論に先行しており、認識論を制約している（このためにプラトンは『第七書簡』のなかで、イデアは《それをつうじて（それぞれの存在するものが）認識しうる当のもの、真に存在するもの》であると書き、《認識は円そのもののあり方とは異なったものなのです》とことわることができているのである――三四二A―D）。このようにして、プラトンの意図していたことについてのベンヤミンの深い読みによると、イデアはそのつど、認識の対象が真理と一致しえないことを保証するのだった。

このためにストア派は、プラトンの所作をふたたび取りあげて、彼らの意味表示作用理論のなかに「言い表しうるもの《レクトン》」を挿入したのだった。「薔薇」という語および「薔薇」という概念が現実に存在する薔薇を指示することができるためには、薔薇のイデア、その純粋の言表可能性とその「起源」における薔薇を想定する必要がある。近代の詩人たちのうちで最もプラトン的な詩人の、根拠のある詩的直観によると、《ぼくが「花！」と言う。すると、ぼくの声がいかなる輪郭をもそのなかに払拭し去っていた忘却の彼方に、ぼくがその萼を知っていたのとはまったく別のなにかとして、どの花束にも不在の、馥郁たる香りの花のイデアそのものが、音楽的に立ち現われてくる》のだ（Mallarmé 1945, p. 368）。

ℵ　言語の平面が記号論的なものと意味論的なものに分裂していることについてはつねに新たに省察をめぐらせてみる必要があるのであって、そのことのもつ哲学的重要性はどれほど評価しても評価しすぎることはない。ソシュールのラングとパロールの対置をふたたび取りあげて発展させたバンヴェニストは、それの特徴をつぎのように描き出している。《記号論的なものとは、言語記号に固有で、言語記号を単位として構成する、意味表示作用の様態を指す。分析の必要上、言語記号の二つの面貌を別々に考察することができるが、意味表示作用という面においては、言語記号はあくまでも単位であり、単位でありつづける。言語記号が引き起こす唯一の問いは、それが現実に存在するのかどうかという問いである。そしてこれは「はい」か「いいえ」かによって決められる。たとえば、arbre〔樹木〕、chanson〔歌〕、laver〔洗う〕、nerf〔神経〕、jaune〔黄色〕、sur〔上に〕という記号は現実に存在する。一方、*orbre, *vanson, *laner, *derf, *saune, *tur という記号は現実には存在しない。〔……〕それ自体としてとらえた場合には、記号は記号自身との純粋な同一性であり、あらゆる他の記号にたいする純粋な他性である。〔……〕意味論的なものとともに、わたしたちはディスクールによって産み出される意味表示作用の特別の様態に入りこむ。ここで提起される問題は、メッセージの産出者としての言語にかかわるものである。メッセージは、個々別々に同定される単位の連続には還元できない。複数の記号が加算されて意味を産み出すのではなくて、逆に、まず全体として構想された意味がつぎに個々の記号に分割されて実現されるのである。そしてこれが言葉にほかならない。〔……〕記号論的なものと意味論的なものとが二つの異なった概念秩序と概念世界に属しているということは、それぞれに要求されている有効性の基準に違いがあることをつうじても示される。記号論的なもの（記号）は認知されなければならない。一方、意味論的なもの（ディスクール）は理解されなければならない。認知と理解の相違は精神の二つの能力の相違に由来する。［……］》（Benveniste 1974, II, p. 225）。

言語活動のこの分裂を考慮することなく言語的意味表示作用を理解しようとするあらゆるこころみは——そして最終的にアリストテレス的パラダイムに依拠している記号論と論理学の現今のこころみがそうなのだが——空転せざるをえない運命にある。じっさいにも、記号の特性である意味されるもの《シニフィエ》を知性や魂のなかに移し入れるというのはまったく不当なことと言う以外にない。また、アリストテレスが『命題論』でおこなっているように、命題の——すなわち意味論的なものの——理論を言語の純粋に記号論的な定義から出発して分節化するなどといったことが、どのようにすれば可能なのかもわからない。

プラトンにおけるイデアはこの分裂と関係したところで提起されている。この分裂のことを彼は彼なりの仕方で意識していたのであって、それをとりわけ名前（オノマ ὄνομα）と言論（ロゴス λόγος）を対置するなかで表現している。可感的なものと同名異義的な関係にあってそれらの名づけの原理であるイデアのなかで、記号はひとつの閾に到達し、意味論的なものへと移行する。この意味において、言語活動の平面が記号論的なものと意味論的なものに分裂していることの知覚は、ギリシア哲学の起源と一致する。わたしたちはエンツォ・メランドリ（Melandri 2004, pp. 162–164）とともに正しいとかんがえているが、もしヘラクレイトスの断片一についてのエルンスト・ホフマンの解釈が正しいとするなら、それはまさしくヘラクレイトスの著作断片の冒頭でロゴス λόγος（言論）とエペア ἔπεα

（もろもろの語彙、言葉）が対置されていることのうちに明確に表現されているのが見いだされる。そこにはつぎのようにある。人々はロゴスを聞く前も、聞いたあとも、けっしてそれを理解するようにならない。なぜなら、もろもろの言葉（エペア）の記号論的平面にとどまっていて、語るという事実のなかで、言語活動そのもののなかで問題になっていることを経験することをしないからである、と。

16

プラトンの戦略はここにいたっていっそう理解しやすくなる。プラトンは、アリストテレスがそうとかんがえているように、一般的なものを実体化して切り離すようなことはせず、なんらの概念的規定をもほどこすことなく、純粋の言表可能性を思考しようと努めていたのだった。『第七書簡』の余談の続く一節はそのことを明確に示している。《はじめの四者は、言語の脆弱さのゆえに、それぞれの事柄が〈なんであるか〉（τὸ ὄν）よりは、それが〈どのような性質であるか〉（τὸ ποιόν τι）を明らかにします。……〈なんであるか〉と〈どのような性質のものであるか〉という二つの事柄のうち、〈どのような性質であるか〉（τὸ ποιόν τι）ではなくて〈なんであるか〉（τὸ δὲ τι）のほうを魂は知りたいとおもっているのですが、あの四者のおのおのは魂が探し求めていないもののほうを魂の前に差し出すのです》（『第七書簡』三四二E—三四三A、三四三B—C）。このために、プラトンはなにものかがただ純粋に存在するありさま、なにものかの「起源」を表現しようとして、代名詞に訴えることを余儀なくされたのである。じっさいにも、代名詞はすでに古代の文法学者たちによって言論のうち性質をもたない実体を表現する部分として定義されていた（カエサレアのプリスキアヌス——代名詞は“substantiam significat sine aliqua certa qualitate”〔実体をなんらの性質もなしに指し示す〕）。しかし、プラトンは、アリストテレスとは異なって、指呼的代名詞（《すべての実体は〈なにかこのもの〉を意味する（πᾶσα οὐσία δοκεῖ τόδε τι σημαίνειν）》——『カテゴリー論』三b一〇）ではなく、前方照応《アナフォラ》的な代名詞 αὐτός〔それ自体〕を選択したのだった。

『カテゴリー論』のいま引いた一節で、アリストテレスは「なにかこのもの」を意味する第一実体を、なにか不可分割で一なるもの（この特定の人間、この特定の馬）を表しているという理由で、第二実体（人間、馬）から区別している。第二実体のほうは指呼的なものを含意してはおらず、むしろ〈なにかこれこれ様のもの〉（ποιόν τι σημαίνει）を意味しているというのだ（『カテゴリー論』三b一二—一六）。いずれにしても、アリストテレスの場合には、言語が一なるものを意味し、その指示対象に曖昧さをゆるさないかたちで触れる、そのような地点が存在することに変わりはない。

ところが、プラトンの場合には、《言語の脆弱さ》のゆえに、現実に存在するものがいままさに誕生しつつあるそのありのままの姿において展示する唯一の仕方は――たとえ不十分なものであるとしても――それを指示することではなくて、それを前方照応的《アナフォラ》な代名詞 αὐτός〔それ自体〕をつうじて言語のなかで言語によって再取得することなのだ。『ティマイオス』(四九D四―六)では、もろもろの可感的な存在するものを指呼的なものによって指示することは不可能であり、それらを指示するためには前方照応的《アナフォラ》な代名詞を利用する必要があることが断固として主張されている。《火とか水とかのように、つねにたえず別のものに変成しつつあるのがみられる可感的なものについては、ぼくらはけっして「このもの」(τοῦτο)と呼ぶことはできないのであって、いつも「これこれ様の」(τοιοῦτον)と呼ぶことしかできないのだよ》。アリストテレスの存在論は究極的には指呼的代名詞に依拠しており、プラトンの存在論は前方照応的《アナフォラ》代名詞に依拠している。しかし、まさにこのことがプラトンに、イデアをつうじて、アルケー・アニュポテトス ἀρχὴ ἀνυπόθετος(前提をもたず、存在の彼方にある原理=始元)を召喚することを可能にしているのである。

もし「円」という名前が円の存在をも性質をもともに言い表しているとするなら、イデアにおいては(「円それ自体」においては)名前はそれがただ純粋に〈円と言われること〉に向けて、すなわちその言表可能性に向けて、意味表示することによって再取得される。このことは、存在は実在的な述語(すなわち《或る物の概念に付け加えられるなにものかの概念》)ではないというカントのテーゼがプラトンの場合にも妥当するということを意味しているだけでなく、プラトンはけっしてイデアを普遍的なもの――天上にか知性のうちにか、どこかの場所に置くことのできるような――として実体化しなかったということをも意味している（イデアは――シンプリキオスによって報告されているプラトンの学説によると――《どの場所にも存在しない》――Simplicios 1882, p. 453）。純粋の言表可能性において問題になるもの、《名前や定義《ロゴス》や眼に映じたものや感覚したものを互いに突き合わせ、吟味にかける》（プラトン『第七書簡』三四四B四）ゆっくりと時間をかけた辛抱強い前方照応《アナフォラ》的作業をつうじてのみ開示されるものは、『第七書簡』の余談が効果的にも飛び火によって点ぜられる燈火にたとえている、魂のうちにあっての開かれの出来事にほかならない。《〔教える者と学ぶ者が〕生活をともにしながら問題の事柄について数多く話し合いを重ねていくうちに、突然、飛び火によって点ぜられた燈火のように、〔学ぶ者の〕魂のうちで産み出され、それからただちに産み出されたものそれ自体がみずからを養い育てていくのです》（『第七書簡』三四一C六―D二）。

ℵ　なぜ「事柄それ自体」がプラトンにとって重要なのだろうか。なぜそれは《彼がまじめに関心を寄せているもの》なのだろうか。もし存在において問題になるのが言語活動と世界のあいだの本源的な分節化――《存在は語られる》（τὸ ὂν λέγεται）という事実――であるとするなら、そのときには、アリストテレスの場合には分節化は言葉と事物と概念のあいだで生じるのにたいして、プラトンはこれらにくわえてイデアを導入することによって、事柄が語られ名指しされるという事実そのものを問題化しようとしていると言うことができるだろう。もし思考がすでにつねに名づけられた世界のなかで動いているとするなら、しかしまた思考は、イデアの前方照応的《アナフォラ》所作をつうじて、事柄それ自体がただ純粋に言い表されているだけの状態、その言表可能性にまでさかのぼっていくことができる。彼はこのようにして言語活動の純粋の還元不可能な生起を問題化する。この地点において――そこでは、名前はそれが事柄を名づけることによって、また名づけるなかで再取得されるのであり、事柄はそれが名前によって名づけられることによって、また名づけられるなかで再取得されるのである――世界と言語活動は接触する。すなわち、表象が不在の状態のなかでのみ、両者は結合するのである。

17

この意味では、ポルピュリオスからボエティウスにいたるまでの古代末期の思想のなかで、そしてついでは中世の論理学者たちのなかで遂行されることとなるイデア学説の〈普遍的なものの問題〉（quaestio de universalibus）への移し換えは、プラトンの意図の最悪の誤解である。というのも、この移し換えはイデアが「論理的」性質をもつことを確認しているようにみえる一方で、じっさいには、「言い表しうるもの」という語においてはなおも明白であった言語的要素との特別の連関を断ち切ってしまっているからである。『命題論』へのボエティウスの註解においては、この切り離しはいまや完遂の域に達している。アリストテレスのパテーマタ・テース・プシュケース παθήματα τῆς ψυχῆς〔魂のうちにおける諸様態〕――これにボエティウスは注目すべきことにもラテン語でインテレクトゥス intellectus〔概念〕という語をあてている――が言語の意味表示力(vis significativa)の第一義的な対象となる一方で、もろもろの事物との関係は第二次的ないし派生的なものになってしまう。《じっさいにも、音声のうちにある事物は事物と概念を意味表示する(res intellectusque significent)が、しかしながら、概念が第一位的な仕方で意味表示されるのにたいして、同じ理解力によって把握される事物のほうは概念の媒介をつうじて(per intellectuum medietatem)第二位的な仕方で意味表示される》(ボエティウス『アリストテレス「命題論」註解』二・三三・二七)。その一方で、パテーマタと事物は万人にとって同等であるが、言葉と文字は異なっているというアリストテレスの主張を発展させて、ボエティウスはアリストテレスの意味論的言語叢を構成している四つの要素のうち、二つ(res〔事物〕と intellectus〔概念〕)は自然によって(naturaliter)存在しており、二つ(nomina〔名前〕と litterae〔文字〕)は約定によって(positione)存在していると指摘する。こうして、やがて概念の第一位性と、音声という物質性をおびた言葉にはまったく依存しない知性的実在への言い表しうるものの変容に導いていくこととなる過程が始まる。このようにして言葉の概念的シニフィエがそのたえず変化するシニフィアンから自立したものになってはじめて、近代科学に導いていくこととなる認識の脱言語化の過程は可能となるのである。なぜなら、近代科学は、ルプレヒト・パクエが明らかにしたように（Paqué 1970, passim）、自然の観察によって誕生しただけでなく、言語活動の経験のなかで、言葉がなんらかの仕方で自分自身に言及しているすべての場合（質料代表 suppositio materialis）から、言葉が一義的に純粋の記号として魂の外にある事物（res extra animam）に言及する個体代表（suppositio personalis）だけを取り出して特権化するにいたったオッカムや中世の論理学者たちの研究によって可能とされてきたのだった。

古代世界が近代科学に接近することができず、また接近しようともおもわなかったのは、数学の発達にもかかわらず（それは注目すべきことにも代数的形態においてのものではなかった）、その言語活動の経験——その存在論——が言語のなかでそれが開顕される様態には依存していないと言い張れるような仕方で世界にかかわることを許容しなかったからである。このためにプラトンは、『第七書簡』の余談で、概念をなんら特権化することをしていないのであり、それを名前と同じく可変的で不安定なものとみているのである。また『クラテュロス』のなかで、名前が自然によって存在しているのか約定によって存在しているのかという問題を未解決のままにしているのである。言語を中立的な意味表示の道具に還元してしまうことがオッカムと後期唯名論のなかで完遂されてはじめて、言語的意味表示作用から、それまでずっとそれと同質的であるとみなされてきたすべての側面を——自己言及性を筆頭に——追放することが可能となったのだった。

そしてその後は、それらの側面は修辞学と詩学のなかに追いやられてしまうのである。

　このことは、プラトンが単純に言語（彼の場合にはギリシア語）をつうじて開顕されていた現実だけにかかわろうとしていたということをなんら意味するものではない。ここにおいて、イデアともろもろの可感的なものとの同名異義的な関係が、その意味するところを余すことなく開き示す。イデアはもろもろの可感的なものから区別されるが、それらと名前を分かちもっている。イデアは、それ自体は不可視で知覚されないものでありながら、しかしまた、ひとつの可感的な言語的要素——名前——と還元しがたいかたちで関係を維持しており、それをつうじて個々の可感的なものとつながっている。このために、イデアと可感的なもののあいだのありうる関係——分離、関与、類似——をすべて問題に付している『パルメニデス』のなかでも、同名異義性だけは唯一けっして否定されていないのである。じっさいにも、イデアと可感的なものとが絶対的に分離しているという主張から出てくることとならざるをえないばかげた帰結の一例として、パルメニデスは《ぼくらにとってはイデアと同名異義的である事物が、事物のあいだでだけ関係をもっていてイデアとは関係をもっていないのであり、名前を事物自体から引き出しているのであって、イデアから引き出しているのではない》という例に言及している（『パルメニデス』一三三D）。

　もろもろの事物との同名異義的な関係をつうじてのみ、イデアは《名前同士で闘いあっている内戦》（ὀνομάτων οὖν στασιασάντων）に、概念の一般性を提示することによってでもなければ、《これらとは異なる別の名前》を探し出すことによってでもなく、名前それ自体をつうじて、《存在するものの真理がなんであるか》を明らかにすることによって、終止符を打つ、と正当な権利をもって主張することができるようになる（『クラテュロス』四三八D）。プラトンが前方照応《アナフォーラ》的連辞でもって「事柄それ自体」と呼んでいる存在論的言語叢の第五の要素は、言語のなかの別の名前でもって名指すことはできないのだ（わたしは円のイデアを「クボア」と呼ぶことはできないのであって、「円それ自体」と呼ぶことができるにすぎない）。固有の名前をもつことができないものは、名前のなかで表現される言表可能性である。純粋にそして名指すことができないかたちで言い表しうるものであるかぎりで、事柄それ自体は《名前の彼方に》（πλὴν ὀνομάτων——字義どおりには《すべての名前を除いたところに》。πλὴν は語源的には「近傍に」を意味する）存在しているのである（『クラテュロス』四三八D）。

ℵ　普遍的なものの学説と唯名論のあいだの関係の問題は込みいっていて、しばしば哲学史のなかで起きているように、唯名論——少なくともオッカムより前の——を知性の内における普遍的なものの特定のとらえ方に還元してしまうことはできない。とりわけ注目されるのは、十二世紀の「唯名論の第一人者（princeps Nominalium）」、ピエール・アベラールの立場である。アベラールの理論は普遍的なものの理論ではなく、事物（res）からも語彙（vox）と概念（intellectus）からも区別された名前の理論である。じっさいにも、彼と同時代の論理学者たちと同様、彼は同根語（形容詞、動詞、等々）が多種多様であるのにひきかえ、名詞の単一性（unitas nominis）を主張している。項辞や動詞は時制と法にしたがって変化するのにたいして、名詞のなかで表示されているものは単一で時制のなかでも変化することがない。この論理学的テーゼは神学の分野にも影響を及ぼすこととなった。なぜなら、「キリストが誕生する」という主張はあらゆる時代において、キリストが誕生する前も誕生してからも、真実である、ということを含意していたからである。ボナヴェントゥーラは唯名論のテーゼをつぎのように要約している。《他の者たちは、言明しうるもの（enuntiabile）は一度真実であるならつねに真実であり、つねに同じ仕方で認識される、と主張した。［……］たとえば、何人かの者たちは、albus, alba, album〔それぞれ形容詞「白い」の男性・女性・中性単数形〕は三つの異なった語彙であり、三つの異なった意味表示様式（modi significandi）を有しているが、同じ一つの意味内容を含みもっており（unam significationem important）、いずれも単一の名前である、と主張している。すなわち、言明しうるものの単一性は語彙や意味表示様式の側からでなく、意味されるものの側から理解されなければならない、と主張している。単一の事物が最初は未来であり、それから現在になり、さらにその後は過去になる。したがって、この事物が最初は未来であり、それから現在になり、さらにその後は過去になると言明したからといって、言明しうるものではなくて語彙が相違していることを含意しているにすぎない（non facit diversitatem enuntiabilium, sed vocem）》。

この意味において、アベラールの唯名論的学説は、指摘されたように（Courtenay 1991, pp. 11–48)、明らかなプラトン的起源を有しており、言い表しうるものの学説との同じく明らかな結びつきを（用語の面でも）有している（彼は言い表しうるものを《言明しうるもの》と呼んでいる)。アベラールにとっては、認識の対象は言葉でも概念でもたんに事物でもなく、名前によって表示されているかぎりでの事物なのだ。《たしかにわたしたちがそれら（事物の共通の形態）は概念とは（ab intellectibus）異なっていると主張するとき、このようにしてわたしたちは事物と概念のあいだの第三者として名前の意味内容を導入しているのである（praeter rem et interllectum tertia exiit nominum significatio)》(Abélard 1919, p. 18)。この意味において彼は書くことができるのだった、論理学は《事物をそれ自体においてではなく、名前をもつかぎりで（non propter se, sed propter nomina）あつかう》(De Rijk 1956, p. 90) のであり、しかしまた、論理学と自然学は切り離せない関係にある、それというのも、《事物の自然本性が言明されたものに同意するか（rei natura consentiat enuntiationi)》どうかを探究する必要があるからである、と（ibid., p. 286)。

א　イデアは言い表しうるものを言語にたいして最大限可能な抽象へと向かわせるが、この抽象は概念による抽象ではなく、言い表しうるものをなおも或るひとつの言語の名前とではなく、存在するものの真理との関係のうちに保持している抽象であって、その真理へとすべての名前とすべての言語は——けっしてそれに到達することはないままに——向かおうとするのである。イデアは純粋に言い表しうるものであって、すべての名前の目標であるが、しかしまた、どの名前も、なんらの概念も、独りだけでは到達することができない。アルナルド・モミリアーノが主張しているところによると、ギリシア人の限界は彼らが外国語を知らなかったことだというが、このことは少なくともある点までは当たっている。しかしまた、プラトンとアリストテレスは同一の事物がさまざまな言語によって違ったふうに名指しされているということを完全に知っていた（このことは『第七書簡』の名前はなんらの安定性も有さないと述べられている一節や、『命題論』の言葉は万人にとって同じではないというテーゼのなかで暗々裡に示されている）。ギリシア語の“κύκλος”という名前はラテン語の“circulus”やイタリア語の“cerchio”と同じ事物を名指ししているが、円それ自体はそれぞれの言語において同名異義的にのみ名指しされたまま残っている。そのときには、究極的には、イデアの本来の言語的要素——言い表しうるもの——はたんに名前ではなく、翻訳あるいは名前のなかで翻訳しうるものである、と言うことができるだろう。バンヴェニストは翻訳のうちに記号論的なものと意味論的なものとの差異が明らかになる地点を見てとっていた。じっさいにも、或る言語の意味論的なものを別の言語のそれに移し換えることはできるが（翻訳の可能性）、或る言語の記号論的なものを別の言語のそれに移し換えることはできない（翻訳の不可能性）。すなわち、可能性と不可能性が交差するなかにあって、翻訳しうるものは言語活動の二つの平面を結合すると同時に分離する閾の上に定位しているのである。ここから、ベンヤミンが明るみに出した翻訳の哲学的意義が出てくる。ここでは、記号論的なものから意味論的なものへのあまたの困難にみちた移行は、或るひとつの言語の内部においてではなく、複数存在するもろもろの言語を経由して、それらの意図の完遂された全体性のなかでこころみられる。このために、マラルメが直観していたように、完全言語の理念は失われざるをえない（"les langues imparfaites en cela que plusieures, manque la suprême"〔もろもろの言語は複数存在するという点において不完全であり、最高の言語といったものはない〕）。それの代わりに、プラトンによると、哲学のロゴスが存在していて、あらゆる言語をムーサ的なものにおけるその始元にまで連れていく（このために、哲学こそ《最高のムーサ的なもの》である――"φιλοσοφίας [……] οὔσης μεγίστης μουσικῆς"――『パイドン』六一A。『国家』四九九Dではさらにはっきりと、哲学は《ムーサそれ自体》αὐτὴ ἡ Μοῦσα である、と言われている）。

18

イデアの問題はそれの場所の問題と切り離すことができない。イデアが《天の彼方の領域に》（ὑπερουράνιον τόπον）場所をもつ（ἔχει τὸν τόπον）（『パイドロス』二四七C）ということは、――アリストテレスとシンプリキオスが的確にも指摘したように――イデアは《場所のうちには存在しない》（οὐκ ἐν τόπῳ――アリストテレス『自然学』二〇九b三四。μηδὲ ὅλως ἐν τόπῳ――Simplicios

1882, p. 453）ということのみを意味しうる。しかしまた、場所をもたず、このために存在しない危険のあるイデア（《天にも地上にもないものはどこにもない》――『ティマイオス』五二B）は、たとえ《とてもアポリア的な（ἀπορώτατα）仕方においてであり、きわめて捉えがたい（δυσαλωτότατον）》ものであるとしても（『ティマイオス』五一B）、可感的なものの生起と本質的に結びついており、《説明の困難な驚くべき》（δύσφραστον καὶ θαυμαστόν）仕方でその刻印を受け入れている（τυπωθέντα ἀπ᾽ αὐτῶν）（『ティマイオス』五〇C）。そして『ティマイオス』で展開された場所（コーラ χώρα）の学説は少なくともアリストテレス以降の哲学史のなかでは質料の学説として読まれてきたので、ここで問題になるのは、同じ理由からして、イデアと質料の関係である。

『ティマイオス』の陳述をかいつまんで要約しておこう。陳述は二種類の存在、すなわち、可知的で永遠の範型（イデア）と、その模倣、可感的なものを定立するだけでは不十分であるということの確認をもって開始される。それゆえ、《第三の別の類〔種族〕》（τρίτον ἄλλον γένος）が放棄しえない要請として導入されることとなる（言葉《ロゴス》は《それを出現させる》――ἐμφανίσαι――ことを《強いている》――εἰσαναγκάζειν）（『ティマイオス』四九A）。その本性は《難解で不分明》であって、正しくは定義できないが、一連の性質づけを継起的におこなっていくことをつうじて描写することはできる。まずもって、それはあらゆる生成活動の《受容器》（ὑποδοχή）である。すべての可感的事物は不断に生成しては破壊されていくが、それらは《そのなかで》（ἐν ᾧ）それらが出現するところのなにものかを必要とする。それは職人が塑造する黄金の像がそれが形をなすための金属を必要とするのと同じである（このイメージからアリストテレスは、ここで問題になっているのはもろもろの物体の質料である、という推論を演繹することができたのだった）。

この《すべての物体を受け入れるあり方》はつねに同一であって、《鋳造されるべき素材》（ἐκμαγεῖον ――『ティマイオス』五〇C。この語には「練るもの」という観念が含まれている。μάσσω〔手でこねる〕、μάκτρα〔こね鉢〕を参照されたい）が無形であるように、それ自体としては形を奪われたものでなければならない。そして、それが受けとるすべての形の刻印をおびることができるようになるのでなければならない。こうして、この刻印を受容するものは《母》に、それがそこから刻印を受けとるものは《父》に、両者のあいだの中間的なあり方は《子ども》にたとえられることとなる。もし母が固有の形をもたないでいるのでないとしたなら、それが受けとる刻印は目に見えるものにはならないだろう。というのも、その固有の形は《傍らにならんで現象していることになるだろう（παρεμφαινόμενον）》からである（アリストテレスは『魂について』四二九a二〇で同じ動詞を使って、物質的な知性が可知的なものの形とならんでそれ固有の形を顕示してしまったなら、それは理解にとってさまたげになる、と述べている）。したがって、第三の類、母、受容器、刻印を受容するものは、《目に見えない形あるもの》（ἀνόρατον εἶδος ――この表現はギリシア語ではいささか矛盾している）であり、《本性上もろもろの形あるものの外に（ἐκτὸς εἰδῶν）ある》（『ティマイオス』五一A）が、しかしまた、《とてもアポリア的な仕方においてであり、きわめて捉えがたい》ものでありながらも、可知的なものにあずかっている。

ここにいたって、プラトンは一種の目も眩むような総括をおこなって、三種類の存在を認める（ὁμολογητέον——動詞 ὁμολογεῖν「告白する」は、承認しないわけにはいかない真理を指している）必要があると結論する。（一）一つ目は、生じることも滅びることもなく、他のところから他のものが自分のなかに入ってくるのを受け入れることも、自分が他のところへ入っていくこともないものであって、目にも見えず、感覚されることもなく（ἀναίσθητον）、知性によって観想されるものである。（二）二つ目は、一つ目のものと同じ名前で呼ばれ、それに似ているが、なんらかの場所《トポス》で（ἔν τινι τόπῳ）たえず生成しては破壊され、感覚にともなわれた（μετ᾽ αἰσθήσεως）思いなしによって捉えられる。（三）三つ目は、空間《コーラ》（χώρα）であって、これもいつも永遠で滅びることがなく、生成したすべてのものに座（ἕδρα）を提供する。それは《感覚作用の不在にともなわれた雑多なものが混ざり合った推論によって触知しうる（μετ᾽ ἀναισθησίας ἁπτὸν λογισμῷ τινι νόθῳ）ものであり、かろうじて信じられる。ぼくらはそれに夢のなかでのように目を向けて、存在するものはすべてどこか特定の場所《トポス》に存在して空間《コーラ》を占拠している（ἔν τινι τόπῳ καὶ κατέχον χώραν）ことが必要であり。天にも地上にもどこにも存在しないようなものはまったくないと言うのだ》（『ティマイオス』五二B）。

19

コーラの認識可能性についてのプラトンの指示の仕方がまったく特異なものであることを指摘した最初の研究者はカルロ・ディアーノだった。特異なものであるというのは、《触知しうる》(この形容詞をプラトンはほかのところではもっぱら可感的物体についてだけ用いている)ということは《アネステシア＝感覚作用の不在》と強烈な対照をなしているからだけでなく、なによりもまずもっては、"χωρὶς αἰσθήσεως"とか"ἄνευ αἰσθήσεως"(感覚作用なしに)といった通常の定式を使うのではなく、《感覚作用の不在にともなわれた》という逆説的《パラドクシカル》な表現のほうを選んでいるからである(Diano 1973, passim)。人が《感覚作用の不在》を知覚するとき、その人はなにを知覚するのだろうか。なにものかが生起したことを知覚するということはたんに知覚しないということを意味するのではなく、知覚の不在を知覚するということ、アネステシアを感覚するということを意味するとプラトンが書くとき、彼はなにを言おうとしているのだろうか。イデアは単純に感覚しえない(ἀναίσθητον)一方で、ここではアネステシアは触知しうるものに転化し、そのようなものとして知覚されている。夢のなかでのようにコーラを知覚する推論の《雑多なものが混ざり合った》性格は、それが初めの二つの認識可能性の形態、すなわち可知的なものと可感的なものをいっしょに混ぜ合わせているようにみえるという事実から派生する。もしプラトンがコーラはとてもアポリア的な仕方においてであり、きわめて捉えがたいものでありながらも、可知的なものにあずかっていると書くことができているとするなら、それはイデアとコーラとが感覚作用の不在をつうじて交通しあっているからにほかならない。まるでイデアを否定的に定義するアネステシアがここでは肯定的な性格を獲得し、知覚のきわめて特殊な一形態に転化したかのようなのだ。

プロティノスは、『ティマイオス』の問題の一節を註解したさい、魂が雑多なものが混ざり合った推論によって質料を知覚するとき、しかしながら、それはなにも思考していないのではなく、なにものかを受容し蒙っているのだと述べている。《このパトス、この魂の蒙る情念は、それがなにも思考していないときに生じる様態なのだろうか。いや、そうではない。なぜなら、なにも思考していないときには、なにも語ってはおらず、なにも蒙ることすらしていないからである。これにたいして、魂が質料を思考するとき、そのときには魂は形なきものの刻印（τύπον τοῦ ἀμόρφου）のごときものである情態を蒙るのである》（『エンネアデス』二・四・一〇）。もしプラトンが刻印というメタファーを使って、コーラは言い表しがたい驚異的な仕方でイデアの《刻印を受けとる》（τυποθέντα――『ティマイオス』五〇C）と書いたのだとしたなら、ここでは関係は逆転している。イデアのほうが形なきものの刻印を受けとるのである。

プロティノスが付与しているようにみえる神秘的な色づけ以上にここで決定的なのは、コーラが可知的なものと可感的なものの単純な対置を問題に付し中和化していることである。そうした対置では十分事態に適合しえないことが露呈してしまったのだ。『パルメニデス』においてイデア理論をアポリア的な仕方で陳述するなかで、プラトンはイデアと可感的なものを絶対的に切り離してしまうこと（両者をコーリス χωρίς、切り離して思考すること――アリストテレスは、批判のためにその論点を取りあげなおしたさい、コーリスモス χωρισμός、切り離しという語を使うこととなる）がどんなにか不条理な帰結へと導いていくかを明らかにしていた。コーリスおよびコーリスモスのアポリアにたいして、プラトンはおそらくすでに彼のアカデメイアのなかで噂になっていたもろもろの批判に答えようとしたのだろう、すばらしい言葉遊びを演じて、コーラという天才的な回答を与えたのだった。わたしたちが無感覚状態で雑多なものが混ざり合った推論をおこなって、可感的なものだけでなく、それが生起する姿をも知覚することに成功するとき、そのときには可知的なものと可感的なものとが交通しあう。天にも地上にも場所をもたないイデアが、もろもろの物体が生起するなかで場所をもち、もろもろの物体の生起と一致するようになるのである。

　これこそはプラトンが数行後にいつもとは違った断固とした口調で語っていることにほかならない。《真に存在するものには、厳密であることによって真実である言論が助けにやってきます。そして、或るものと別のものが［すなわちイデアと可感的なものが］切り離されたままであるかぎり、そのどちらももう一方のなかに生じて、同じものであると同時に二つのものにもなる（ἓν ἅμα ταὐτὸν καὶ δύο γενήσεσθον）ということにはけっしてならないことを明らかにするのです》（『ティマイオス』五二C―D）。

ℵ　コーラ χώρα という語は、物体が占めることのできる、占められていない場所ないし空間を指す。それは、語源的には、剝奪、なにものかが奪われたときに残っているものを意味する語彙と結びついている。ケーラ χήρα（未亡人）、ケーロス χῆρος（空虚）等々。動詞コーレオー χωρέω は「余地をつくる、場所を与える」を意味する。コーリス χωρίς、コーリスモス χωρισμός、コーリゼイン χωρίζειν に「切り離す」という意味があることは、容易に説明がつく。なにものかに余地をつくる、場所を与えるということは、そのものを切り離すことを意味している。

ℵ　プロティノスはプラトンのコーラ理論にすでに古代の諸版が「質料＝素材について」とか「二つの質料＝素材について」という見出しを付けている論考全体（『エンネアデス』二・四）をささげている。そのなかで、プロティノスは、プラトンが場所と質料を同一視してしまったというアリストテレスのテーゼ（《プラトンは『ティマイオス』のなかで質料――ヒュレー ὕλη――とコーラ χώρα は同じものであると言っている》――『自然学』二〇九b一三）を受け入れている。しかし、コーラが可感的なものと可知的なものの対置を問題に付していることを考慮するかぎり、彼は二つの質料の存在を認めざるをえない。イデアにかかわる叡智界の質料と可感的なものにかかわる地上界の質料である。『ティマイオス』の《雑多なものが混ざり合った推論》のうちに、彼はコーラという形なきものを無限定なもの（アオリスティア ἀοριστία）の観念をつうじて思考しようとするこころみを見てとる。そこから帰結する推論が《雑多なものが混ざり合った》ものであるのは、それが無知（アノイア ἄνοια）の状態にあると同時に失語（アパシア ἀφασία）の状態にあるからである。それでも、それはなおも積極的なものを内に含んでいる。《この魂の無限定さとはなんであるのか。無知の状態および失語の状態ということなのだろうか。それでも、或る肯定的な言論のなかにも（ἐν καταφάσει τινί）無限定さは存在している。そして、目にとって暗闇があらゆる目に見える色の質料であるように、魂は可感的な事物からいわばあらゆる色を奪い去り、もはや残っているものを定義することができなくなることによって、暗闇のなかで生じる幻像に似たものに転化し、それが幻像として所有しているその暗闇と一体化する》（『エンネアデス』二・四・一〇）。二、三頁前では、質料についての思考が容易には通り過ぎることのできない性質のものであって、あらゆる存在の深淵にまで突き進んでいくようなものだということを力説している。もしあらゆる存在が質料と形相でできているとするなら、思考が質料を思考しようとするときには《この二つからなるものを分割して、もはや分割不可能な単純なものにまで到達しようとする。そして、可能なかぎり、その単純なものを切り離して、それに深淵に達するまでの場所を（χωρεῖ εἰς τὸ βάθος）与える。あらゆる事物の深淵は質料である。このためにあらゆる質料は暗闇である。なぜなら、言語活動は光であり、思考は言語活動だからである。そして、それはあらゆる事物の上では言語活動がなされているのを見るので、それの下にあるものは暗闇であると判断する。それは、光の形相を有している目が光とさまざまな色を眺めながら、色によって隠されているものを不分明で質料的なものであるとかんがえるのと同じである》(『エンネアデス』二・四・五)。

これは一見したところ、神秘的経験をありのままに描写したもののようにみえる。しかし、そうした描写をとおして、じつはプロティノスは、コーラへの接近を可能にする雑多なものが混ざり合った推論がそれ自体なおもひとつの言語の経験であるという反駁しえない事実をつかみとっているのである(カタパシス κατάφασις というのは、確言すること、なにものかについてなにものかを言うことを指す論理学的な用語である)。思考は、意味表示する言語活動をつうじてその限界——深淵——まで降りていったところでコーラ、すなわち、あらゆる存在するものの純粋の生起(プロティノスの言葉では質料)に触れる。意味表示作用の限界においての言語の純粋の定立、言語の剝き出しの生起に、もろもろの事物の純粋の生起が対応している。

20

イデアを「普遍的なもの」と誤解したことがその正確な解釈の可能性を危うくしてきたように、アリストテレスと新プラトン主義によってコーラが質料と同一視されたことがその受容史に長らく影響を及ぼしてきた。そして注目されることにも、イデアが誤解されてきたことがそれが抽象化（ἀφαίρεσις）と混同されてきたことと一致するように、同じようにして、コーラは或る物体がそれの受けるもろもろの触発状態からの抽象がなされたあとに残るものとして理解されるようになる。《場所が大きさのもつ拡がり（διάστημα）であるとおもわれるかぎりでは》とアリストテレスは『自然学』で書いている、《それは質料（ὕλη）であって、大きさとは別のものである。それは、形相によって、たとえば面とか限界とかによって、包まれ限定されているものである。そしてこのようなものがまさしく質料であり、無限定なもの（τὸ ἀόριστον）にほかならない。じっさいにも、球から限界やそれが受けたもろもろの触発を取り除いた（ἀφαιρεθῇ）なら、その質料のほかにはなにも残らない。このためにプラトンは『ティマイオス』のなかで、質料とコーラとは同じものであると言っているのである》と（『自然学』二〇九b六―一一）。アリストテレスのほうが誤解していることは疑いの余地がないようにおもわれる。プラトンはコーラを定義するにあたって抽象化の手続きを利用するようなことはしていないのみか、アリストテレス自身、すぐあとで書いているように、質料と異なって、場所は事物から切り離すことができることを完全に知っている（《事物の形相と質料は当の事物から切り離せないが、場所は切り離しうる》――『自然学』二〇九b二二―二三）。その一方で、プラトンは事あるごとに存在の第三の類を第一の類から、すなわち、空間をそれのなかで産み出されるもろもろの可感的物体から区別することに配慮している。

　しかしまた、質料についてのアリストテレスのとらえ方はプラトンのコーラの学説にあまりにも深く影響されていて、多くの面でコーラの学説にみずからを重ね焼き《スーパーインポーズ》しようとしていることも真実である。だが、新プラトン主義者たちからデカルトにいたるまでのそれ以後の伝統がおこなってきたように、両者の同一化のテーゼをたとえ不用意に受け入れようとしたものであったにしても、プラトンは質料をレース・エクステンサ res extensa〔延長したもの〕としてではなく、それぞれの物体が生起することとしてかんがえているということは言っておかなければならないだろう。物体が生起するということは、物体とは異なって、それをなんらかの仕方で可知的なものとの関係に置くということである。このためにイデア――それぞれの存在するものの可知性ないし言表可能性――は可感的なものが生起するなかで生起するのである。

ℵ　アリストテレスは、いま引いたくだりのすぐあとで、《分有しうるもの（τὸ μεταληπτικόν）とコーラとは同じものである。もっとも、（プラトンは）分有しうるものを『ティマイオス』といわゆる不文の教説のなかとでは違ったふうに呼んでいるけれども、場所とコーラとは同じものであるとしていたことはたしかである。場所がなにものかであるということはすべての人が言っているが、それがなにであるかについてはプラトンだけが語ろうとしたのだった》と付け加えている（『自然学』二〇九b一〇―一六）。

"μεταληπτικόν"という語自体は『ティマイオス』には登場しないが（しかしながら、すでに見たように、プラトンは可知的なものへのコーラの分有・関与を指すのにこれと近い

"μεταλάμβανον"という語を使っている)、ここでアリストテレスはコーラを可感的なものの可知的なものへの分有・関与を可能にするものとして指定するためにアカデメイアで広く使われていた術語に言及しているように見受けられる。数行後で彼はこの同じ語を今度は異議を申し立てるために使っている。《もし横道に逸れるのが許されるなら、プラトンに質問しなければならない。なにゆえにエイドスや数は場所のうちに存在しないのか、と。それらを分有しうるものを場所であるとするからにはである。たとえその分有しうるものというのが「大と小」であろうと、あるいは『ティマイオス』で記されているように「質料」であろうと》(『自然学』二〇九b三三―二一〇a一)。

もしプラトンが、コーラは可感的なものの可知的なものへのきわめて《アポリア的な》分有・関与を可能にすると主張しながらも、イデアは場所をもたないというテーゼを撤回していないとするなら、それは、もしイデアがコーラのなかで生起するのだとしたなら、そのときには、イデアは――アリストテレスがそうとかんがえているように(じっさいにも、アリストテレスはイデアのうちに可感的なものの無益な分身を見てとっている)――産み出されるもろもろの物体とならぶもうひとつの可感的なものであるということになってしまうからである。これにたいして、イデアは固有の場所をもたないが、可感的なものが生起するなかで生起するのだとしたなら、イデアと可感的なものは二つであると同時に一つである(ἅμα ταὐτὸν καὶ δύο)ということになるだろう。イデアは或る特定の事物でもなければ別の特定の事物でもない。それは事物それ自体なのだ。

21

ピエール・デュエムは、彼の『世界体系――プラトンからコペルニクスまでの宇宙論学説史』のうち、プラトンの空間理論にささげられたセクションで、『ティマイオス』で問題になっている《雑多なものが混ざり合った推論》は《ノエーシス νόησις に依拠していると同時にそれに随伴する想像力をつうじてアイステーシス αἴσθησις にも依拠している幾何学的推論》にほかならないと指摘している（Duhem 1913, I, p. 37）。もろもろの科学理論についてのデュエムの尋常ならざる識見は、ここで新プラトン主義者たちの神秘化した解釈とは正反対に、コーラの理論の本質的な点をみごとに捕らえている。じっさいにも、周知のように、幾何学についての知識を有していることをアカデメイアへの入学の必要条件のひとつにしていたプラトンは、アルキュタスや彼の同時代の幾何学者たちと同様、空間がその幾何学の作図を可能にするものであることを知悉していた。このために、プラトンはコーラについての定義を与えた直後に、造物主がどのようにして二等辺三角形と不等辺三角形をつうじて、そして正確な数的関係にしたがってもろもろの要素を産み出すかを示してみせているのである（『ティマイオス』五三A―五五C）。

ここでわたしたちはプラトンの科学観の基礎にある諸概念に触れている。幾何学者の「推論」

（ロギスモス λογισμός ——この語は、ギリシア語においてもプラトンの用法においてもうかがえる支配的な意味によると、より厳密には「計算」と翻訳されるべきであろう）は雑多なものが混ざり合ってできている。すなわち、可知的なものと可感的なもののどちらにもかかわるものから成り立っている。なぜなら、それは直接にいくつかの可感的物体にかかわるものではなく、それらが空間のなかで生起するというただそれだけの事実にかかわるものだからである。自然言語を用いた言論《ロゴス》とは異なって——しかしまたそれと隣接して——、数学の推論《ロギスモス》は純粋の意味表示量であるおかげで、名前の《脆弱さ》——名前はわたしたちにつねに或る事物の存在と性質の双方を与える——を克服することを可能にする。それは事物や概念ではなく、なにものかの純粋の「生起」のみを表示するのである。

　コーラと言語とのあいだには本質的な結びつきのあることがここではっきりと示されている。コーラ——空間と、それぞれの事物が場所をもつこと——が明らかになるのは、言論の意味論的な要素が一つまた一つと取り除かれていって、言語の純粋に記号論的な次元へと、しかしながら書記《エクリチュール》の方向ではなく音声の方向において向かっていくときである。すなわちコーラは、そこにおいて記号論的なものと意味論的なもの、可感的なものと可知的なもの、数とイデアがほんの一瞬一致するようにみえる閾なのだ。もしイデアが名前のなかで意味論的なものの限界をつかみとるのだとしたなら、マテーマ〔数学〕はコーラのなかで記号論的なものの限界に触れるのである。

22

ギリシアにおける幾何学の術語についての分析はいくつかの啓示に富む照合を提供してくれる。エウクレイデスの『原論』の冒頭に出てくる“σημεῖόν ἐστιν, οὗ μέρος οὐθέν”という定義もそうである。「点とは部分が存在しないもののことである」という一般に流布している翻訳では、「点」はギリシア語で「記号」（セーメイオン σημεῖον）と言われているというあらゆる意味において決定的な事実をつかまえることが可能にならない。したがって、厳密な翻訳は「部分が存在しない記号が存在する」というものであることになる。すなわち、幾何学の基礎をなす概念は「意味表示量」という概念なのである（リーマンはいつもどおり明言することとなるだろう、《或る集合のうち、符牒や境界画定とは区別された特定の部分は、量と呼ばれる》と）。「点」を指すのにスティグメー στιγμή（στίζειν——「刺すこと」——によって或る対象に残った痕跡）というもっと古いギリシア語に代えてセーメイオン σημεῖον という語を使う必要性を主張し、言語的意味表示作用とのつながりを強調しようとしたのがまさしくプラトンと彼の学派であったことをわたしたちは知っているだけに、これはなおさら重要である（cf. Mugler 1959）。

このことは、プラトンの意図では、哲学は名前、命題、概念を辛抱強く経由していくことをつうじてのみ（『第七書簡』は《相互に突き合わせることによって》と述べている）イデア——これは可感的なものと同名異義的な関係にある——に到達することができるのにたいして、数学は《雑多なものが混ざり合った》平面の上を動いており、そこでは、いくつかの意味表示量——言葉ではなくて数——が可知的なものと可感的なものをアポリア的な仕方でいっしょにしておくことを可能にするということを含意している。幾何学者にとって問題になるのはその名前と性質における可感的な物体ではなくて、純粋の意味表示するもの《シニフィアン》（「部分が存在しない記号」）が与えられることをつうじて指示される当の物体の純粋の生起なのである。

ℵ　エウクレイデスの『原論』の第七巻（定義一）におけるモナドの定義、"μονάς ἐστιν, καθ' ἣν ἕκαστον τῶν ὄντων ἓν λέγεται" についての検証も同様の結果に導く。一般に流布している「単位とはそれぞれの存在するものがそれによって一と言われているもののことである」という翻訳に含まれている奇妙な類語反復《トートロジー》のことをかんがえてみるとよい。ここで決定的なのは「言われている」という語句であることが理解されてはじめて、その定義は類語反復《トートロジー》的なものであることをやめる。「一」とはあくまでも言われているものであって、それ自体として考察した場合には、言語活動とその言及対象との純粋の関係なのだ。このためにアリストテレスは、数学者は《もろもろの属性を、ただし或る実体に付帯するものとしてではなく観想する。すなわち、それらの属性を〔実体から〕切り離しているのである。思考の上では、それらは運動から切り離しうるものなのだ》と書くことができたのであり、イデアを説く人々は同じことをそうと意識しないでおこなっていると付言したのだった。《彼らは自然的事物を切り離しているが、これらは数学的対象よりもさらに切り離しにくいものなのだ》（『自然学』一九三b三二―一九四a一）。もろもろの属性をそれらの実体への関係から切り離すということは、或る言語活動――まさしく数学的な言語活動――にその外示作用、すなわち、それが実在する特定の対象に言及することを、関係そのものの剝き出しの形態は維持しながら停止できるようにすることを意味している。

23

このような見方に立つなら、なぜプラトン的な科学の理想が、シンプリキオスの証言によると、《現象を救う》（τὰ φαινόμενα σώζειν）という連辞をとおして表現されえたのかが理解されるようになる。アリストテレスの『天体論』への註解のなかで、シンプリキオスはプラトンが科学に（いまの場合には天文学に）託していた問題をつぎのように記している。《プラトンは、天体が循環的で一様で一貫して規則的な運動をすることを原則的に認めていたので、数学者たちにつぎのような問題を提起した。すなわち、「惑星の現象を救うことができるようにする（διασωθῆναι τὰ περὶ τοὺς πλανωμένους φαινόμενα）ために仮説として採用する必要のある循環的で一様で完全に規則的な運動とはどのような運動であるのか」と》(Duhem 1908, p. 3)。

もし数学者の任務が現象を救うことに尽きるとするなら、このことはひとたび目的を達成したなら彼は天体の想定された運動を現実の運動と同一視しないよう注意しなければならないということを意味する。デュエムが書いているように、《天文学は天上界のことどもの本質をとらえるのではなく、それについてのイメージを提供するにすぎない。そしてこのイメージは正確なものではなく、近似的なものでしかない。[……]天体の現象的運動を救うための仮説としてわたしたちに役立つもろもろの幾何学的工作物は真実のものでも真実に似たものでもない。それらは純粋の概念であって、それを実在的なものに変えようとすると、もろもろの不条理なことどもを定式化することになってしまう》(Duhem 1908, p. 23)。

このためにシンプリキオスは、天文学者たちが同一の現象を説明するために相異なる仮説を提起しているからといって、このことになんの問題もない、と断言することができるのだった。《人によって意見がさまざまであるからといって、仮説に異議を唱える理由にならないのは明らかである。わたしたちの目的はどの仮説が現象を救うのに成功しているかを知ることである。ほかの天文学者たちが別の仮説から出発して現象を救おうとしてきたからといって驚くことはない。[……]さまざまな不規則な動きを救おうとして、天文学者たちはそれぞれの天体が複数の動き方をするのだと想像する。離心的で周転円的な運動を仮設する者もいれば、共心円を唱道する者もいる。[……]しかし、惑星が運動を停止したり逆行運動したりすることが実際にあるとはかんがえられず、また、天体の運動を研究しているなかでは数に増減があるようにみえることがあっても、そのようなことが実際にあるともかんがえられないように〔……〕天文学者たちは循環的で一様でつねに同じ方向に向かっている運動をつうじて惑星の現象を救うことが可能であると判断して満足しているのである》(Duhem 1908, pp. 25–27)。

もしプラトン的な科学の見方のなかでは数学の仮説は現象を救うことで満足しているべきであって、それらが現実と同じであるなどと言い張るべきではないとしたなら、それは、数学はとどのつまりいくつかの意味表示量にかかわっているのであって、現実に存在するものにかかわっているのではないからにほかならない。数学は言語の記号論的な限界に位置しているのであるが、その限界を乗りこえると主張することはできないのである。

24

言語活動にたいする数とイデアのこの位置のとり方のみが、プラトンはイデアと数の関係をどのように受けとめていたのか、という議論の的になっている問題に決着をつけることを可能にする。じっさいにも、いわゆる不文の教説が問題になるたびに、古代の証言は近代の研究者たちの意見に劣らず互いに対立しあっている。アリストテレス自身、プラトンは《可感的事物とエイドス〔イデア〕とならんで、これら両者の中間にある（μεταξύ）ものとして、事物の数学的要素（τὰ μαθηματικὰ τῶν πραγμάτων）を置いた。そしてこれらの数学的要素は、それらが不変不動で永遠であることから可感的事物と異なるとするとともに、それらには多くの同類のものがあるのにたいして、エイドスはそれぞれがそれみずからは唯一にして単独であることから、エイドスとも異なるとしていた》とわたしたちに伝えながらも、《ピュタゴラスの徒と同様、プラトンは数が他のすべての事物のウーシア〔実体〕の原因であると言っていた》と述べるとき、数とイデアをほとんど混同するところまで接近させているようにみえる（『形而上学』九八七b一四―二五）。アフロディシアスのアレクサンドロスは『アリストテレスの形而上学への註解』のなかでイデアと数をはっきり同一視している。《数は存在するもののうちの第一のものである。そして、形相が第一のものであり、エイドスが事物よりも先にあって、事物はエイドスとの関係のなかで現実に存在しているのであり、エイドスから存在を得ているのであるから〔……〕（プラトンは）エイドスは数である（τὰ εἴδη ἀριθμοὺς ἔλεγεν）と言ったのだった。〔……〕さらに、エイドスは他の事物の原理であり、一方、エイドスは数であるので、エイドスの原理は数の原理であり、数の原理は一と二であると言っていた》（Alexandros Aphrodisiensis 1891, p. 56）。しかしながら、このアフロディシアスのアレクサンドロスにたいしては、シンプリキオスが――根拠がないわけではないことに――つぎのように異議を唱えている。《プラトンがすべての事物の原理は一と無限定の二であると言ったというのは十分にありそうなことであるが〔……〕このことから、彼が大と小と呼び、この呼称によって質料のことを言おうとしていた無限定の二がイデアの原理でもあると彼が主張していたということにはならない。なぜなら、彼は質料を感性界だけに限定していたからである。［……］そのうえ、彼は、イデアは思考によって認識されうるが、質料は「雑多なものが混ざり合った推論によって信じうる」ものになる、とも言っていた》（Simplicios 1882, p. 151）。コーラによって可能とされるイデアと可感的なものの二分法の中和化——これは幾何学と数学の可能性の条件でもある——は、アレクサンドロスにおいては数のイデアへの均等化へと導いていく。そして、これにシンプリキオスは強く反撥するのだった。

イデアと数とは——存在論的には近接したところにあるが——言語活動にたいしては二つの異なる根拠のもとに置かれているかぎりで明確に区別されることに注意するなら、矛盾は解消される。イデアは名前から完全には切り離せないのにたいして、数学的記号は言語活動が純粋に生起した結果もたらされる。すなわち、それらは言語活動と世界とのあいだに、なんらの具体的な外示作用もないまま、意味表示的な関係が生じていることを表現した意味表示量なのだ。言い換えるなら、イデアと数、哲学と数学は、言語活動の限界の二つの相異なる経験のうちに置かれている。イデアは意味論的なものの限界であり、一方、数は記号論的なものの限界である。

この意味において——現実に存在する特定の対象へのあらゆる意味論的関係以前のところにあって言語活動と世界のあいだの剝き出しの記号論的関係を表現したものであるかぎりで——数学は存在論の最も純粋の形態として姿を現わしうる。ここから、存在論と数学を同一視しようとするこころみが繰り返し出てくることとなる。その最近の例が《数学は存在論なのである》から第一哲学を集合論の用語で書き換えることができるとするアラン・バディウのテーゼである（Badiou 1988, p. 10）。しかし、この隣接してはいるが区別された二つの平面の混同にたいしては、まさにプラトンの場合には、存在論は――彼の思想のなかでなにか存在論のようなものを定義することが意味をもつとしての話であるが――名前の平面とともに始まるということを想い起こす必要がある。彼の哲学は、少なくともわたしたちが知りえているかぎりでは、疑いの余地なく、自然言語の平面にみずからを定位しており、その平面のなかにあって、けっしてその平面を放棄することなく、辛抱強い長時間にわたる訓練をへて、最後にイデアにまでさかのぼっていこうとしている。そしてイデアは可感的なものと同名異義的であり、同名異義的なままにとどまっているのである。当然のことながら、数学も言語活動を前提にしている（言語活動のない世界の数学については、わたしたちは厳密にはなんら知らない）。しかしながら、それはただたんに、弁証論のように、言語活動の内部にみずからを置いているわけではなく、言語活動と世界とのあいだの純粋な関係のうちにとどまっている。意味対象をもたない剝き出しの意味表示作用のうちにとどまっているのである。もろもろの可感的物体が名前のなかで与えられることには、それらの純粋の定立（テシス θέσις）、それらがコーラのなかに場所をもつことが対応している。数学者も哲学者もともに世界の認識可能性を重視しているかぎりでは、両者はきわめて近い場所に住んでいる。しかしながら、そのなかで彼らが動いている言語活動の経験は、詩人と哲学者の場合がそうであるように相違していて、交通しあうのが困難をきわめる状態にある。

25

もし科学と哲学が自分たちが近いところにいると同時に互いに異なっているという意識を失ってしまったなら、それぞれの固有の任務についてのあらゆる自覚も同じ程度に失ってしまうことになる。なぜなら、両者のアポリア的な関係についてのプラトンの定義が真実であるとするなら、両者は相互的な緊張のうちにとどまりつづけていることによってのみ自分たちの目的を追求することができるからである。イデアを名前のなかで観想することを任務とする哲学は、たえず名前を超えて言語活動の限界に向かって突き進んでいかざるをえないが、しかしまた、それに固有の術語によってはその限界を乗りこえることができない。そして、《彷徨する原因》（πλανωμένη αἰτία）（プラトン『ティマイオス』四八Ａ）がたえず混ぜ合わせ混同しているもろもろの現象を救おうと努めている科学も、そのディスクールを自然言語のディスクールに翻訳することを――けっして完全には成功することがないままに――めざさないわけにいかない（実験はこの翻訳が遂行される場である）。

西洋の科学からけっして完全に姿を消してしまうことはなかったプラトン的な科学のパラダイ

ムは、今日、解決不能にみえる危機を経由しつつある。科学が言語による陳述を放棄してしまうという――量子革命以後の物理学によって明々白々なものとなった――事態が、哲学が言語活動の限界によってみずからを測定する能力を失ってしまったことと歩調を合わせて進行している。もはやイデアをもたない哲学、すなわち純粋に概念的なものと化し、このためにますますなんの役にも立たない〈科学の侍女〉(ancilla scientiae)になりさがってしまった哲学に、自然言語のなかに住まう真理との関係を思考することができないでいる科学が対応している。哲学が制度的にも地理的にも互いに交通しあうことのない二つの分野に分割されてしまったことは、そのなかでその二つの分野が交通しあうことができたはずの要素――言語のコーラ――が失われてしまったことを反映している。こうして、一方では、どんなに高くつこうとも自然言語を定式化し、それからそれにその組成からして属しているものを「詩的」であるとして排除してしまおうとするこころみがなされる。また他方では、哲学は言語のなかに住まいながらも、言語のなかでそのムーサ的始元にまでさかのぼっていく(それどころか、それ自体がムーサである――αὐτὴ ἡ Μοῦσα)かぎりで、言語の限界を不断に問題に付すこととならざるをえないことを忘れてしまい、対照的に正反対の所作をとって、詩の〈機械仕掛けの神〉(deus ex machina)をまるでそれが自分の外部にある原理であるとでもいうかのようにして呼び出すこととなってしまうのである。

　そして、このアポリアから、すなわち、哲学と科学をふたたび結合させることができたかもしれない通路(ポロス πόρος)と経験(ペイラ πεῖρα)が失われてしまったことから出発してはじめて、哲学者たちも科学者たちもただただ呆然としながら観察している技術の、外見上無制限の支配を説明することができるようになる。技術は科学の「応用」ではない。それは、もはや現象を救うことができなければ救おうともしておらず、みずからの仮説を現実に取って代えて、それらを「実現」することをめざしている科学のもたらした所産である。実験がその姿を変え、いまでは、もはや現実の条件とはなんの関係もなく、それらに暴力を働こうとするまでに込みいったものとなったもろもろの機械装置をつうじておこなわれていることが、もろもろの言語活動間の翻訳がもはや問題にもならないことを雄弁に物語っている。現象を救うことを放棄してしまった科学は、現象の破壊へと向かうことしかできない。また、もはやイデアをつうじて言語のなかで挑戦をしなくなってしまった哲学は、感性界との必要不可欠なつながりを失ってしまう。

26

コーラの理論は十七世紀にケンブリッジのプラトン主義者たちのあいだで神学と科学が奇妙に交差するなかでふたたび姿を見せる。彼らのうちでも最大の夢想家ヘンリー・モアとデカルトとの往復書簡のなかでは、コーラという語は一度も口にされていないが、モアにとって重要であったのはまさしくデカルトに反対して空間を質料に還元することは不可能であると主張することなのであった。もしデカルトがおこなっているように延長と質料が同一視されてしまうなら、もはや世界のなかに神のための場所はなくなってしまう。これにたいして、現実に存在するのは、存在そのものの属性である非質料的な延長である。《神がそれなりの仕方で延長しているとわたしに信じさせている根拠は》とモアは質料についてのデカルトの定義を自分のものにしたうえでそれを反転させてデカルトに書き送っている、《神はいたるところに現前していて、世界の機械全体とその部分のそれぞれを奥深いところで満たしているということなのです。じっさいにも、もし運動が質料に接触したりされたりすることがなかったとしたなら［……］どのようにして運動を質料に伝達することが可能となるのでしょうか。［……］したがって、神はそれなりの仕方で延長しており膨張しているのです。そして、このことからして、神はひとつの延長物体なのです（Deus igitur suo modo extenditur atque expanditur; ac proinde est res extensa）》と（Descartes 1953, pp. 96-98）。すなわち、モアにとっては《神的な延長（divina extensio）》なるものが存在するのであって、それの特徴を描写するために彼は《プラトン主義者たちとともに（cum platonicis suis）》、やがて汎神論の旗印となるウェルギリウスの詩行“totamque infusa per artus / mens agitat molem et magno se corpore miscet”〔「そして四肢全体にわたってみなぎった／魂が塊全体を動かし、巨大な身体と混じり合う」『アエネーイス』六・七二六―七二七〕を呼び出している（ibid., p. 100）。プラトンのコーラのなかでと同じようにそのなかですべての運動とすべての現象が産み出される、この無限で不動不変の空間は、なにかわたしたちが想像することのできない（disimagine ―― More 1655, p. 335）もののである。そして、モアの思想のなかでは、それはしだいに神と一体化する方向へと向かっていく。《この無限で不変不動の延長はたんに実在するだけでなく神的ななにものか（Divinum quiddam）でもある》。このようにして、そのものは《デカルト哲学が追い出したとかんがえていたのと同じ扉をつうじて神を世界のなかにふたたび迎え入れさせる》とモアはなんらの皮肉を交えることなく指摘している。神、つまりは延長物体（res extensa）をである（More 1671, p. 69）。形而上学と神学がここにいたって合致する。そしてモアは神格化された空間と完全に適合した一連の神的な「名前」もしくは「称号」を列挙することができることとなる。〈一者〉、〈単純なもの〉、〈不動のもの〉、〈永遠のもの〉、〈完全なもの〉、〈依存しないもの〉、〈それ自体で現存するもの〉、〈それ自体によって存続するもの〉、〈不滅のもの〉、〈必然的なもの〉、〈広大無辺のもの〉、〈創造されたのではないもの〉、〈遍在するもの〉、〈無形のもの〉、〈万物に浸透し万物を包みこむもの〉、等々。《カバラー学者たちがマコム神と呼んでいるもの、すなわち場所を言い忘れた》と彼は付け加えている（ibid., p. 71）。

この神格化された空間の定義のうちには、《死すべき生きものと不死の生きものをすべてみずからのうちに受け入れてきた》コーラが《目に見えるすべてのことどもを包みこんでいて》、《最大、最善で、最も美しく、最も完全である》《可知的なものの似像である可感的な神（θεὸς αἰσθητός）》として描かれている『ティマイオス』の結びの言葉（『ティマイオス』九二C）のたんなるこだま以上のなにものかを見いだすことがゆるされる。このすべての存在者の神的な場所、この絶対空間をニュートンは何年かのちに彼の『光学』のなかで大胆なイメージでもって神の感覚中枢《センソリウム》と定義することとなるのだった。《無形の、生命ある、聡明な、遍在する存在がいて、無限の空間のなかにあって、あたかもその感覚中枢（sensorium）のなかにいるかのようにして、もろもろの事物それ自体を深く見通し、それらが直接みずからに現前するなかで、それらを徹底的に知覚し完全に理解する》（Newton 1706, p. 312; cf. Koyré 1962, p. 201）。

27

すでに四世紀前、わたしたちが名前以上のことはほとんど知らない二人の例外的な知性の持ち主がなんらの留保も付けることなく神とコーラを同一視していた。二人のうち、ベーヌのアモーリについては、なんらの著作も残されていない。しかしながら、間接的な原典資料や引用から、彼が《神はすべての事物においてすべてである》というパウロの主張を徹底して汎神論的な意味に解釈すると同時に、プラトンのコーラの学説を神学的に発展させたものとして解釈したことを知っている。彼に汎神論的テーゼを帰属させた原典資料は、そこから出てくる帰結を嘲っている。もし神がすべての事物においてすべてであるなら、神はモグラにおいてはモグラであり、コウモリにおいてはコウモリであることになる。そしてそのときにはわたしたちはモグラやコウモリを崇拝しなくてはならないということになるというのだ。しかしまた、その匿名の論争者はすこしあとで、アモーリの直観を正しく解釈し、そのテーゼをプラトン的源泉にまで連れ戻すことを可能にする《神のうちにあるものはすべて神である。しかし、すべての事物は神のうちにある。〔……〕それゆえ、神はすべての事物である》というくだりを引用している。神がすべての事物であるのは、神はコーラとしてすべての事物の場所であるからにほかならない。神はそれぞれの事物がそのなかに存在する場所としてそれぞれの事物のうちにある。神とはあらゆる存在するものが〈場所をもつ〉ことの謂いなのだ。このために、そしてこのためにのみ、神は存在するものと同一視されるのである。モグラや石が神的であるのではない。モグラがモグラであるということ、石が石であるということ、それらが神のなかで生起するというただそれだけの事実、これが神的なのだ。

ディナンのダヴィドについては、彼の著作を読むことは一二一五年にパリ大学の規程によってアモーリの著作といっしょに禁じられてしまうこととなるのだが、とりわけ哲学と医学の問題をあつかった彼の断片集『クァテルヌリ』のなかに、編者たちが“Hyle mens deus”（「質料、知性、神」）というタイトルを付けた驚くべき断片が現在も残っている。このなかでダヴィドは、トマス・アクィナスが《常軌を逸した》と定義している天才の一撃でもって、『ティマイオス』の先に引用したくだりを権威ある典拠として提示しながら、神と知性と質料（ὕλη――ここでは、アリストテレス以後の伝統にしたがって、コーラのことを名指している）との絶対的同一性を主張している。《このことから、知性と質料とが同じものであることが演繹される。プラトンが世界は可感的な神であると言うとき、彼はこのことに同意している。わたしが語っており、一者にして苦痛を感じない存在であると主張する知性は、神以外のなにものでもない。したがって、もし世界が、プラトンやゼノンやソクラテスやほかにも多くの人々が言ってきたように、自分自身を超えてもろもろの感覚に接近することのできる神そのものであるとするなら、そのときには、世界の質料は神そのものであることになる。そして質料にやってくる形相は神がみずからを可感的なものにした姿以外のなにものでもないことになる》。

質料――コーラ――をつうじて、神と知性は一体化する。神と世界の対立がなくなるという汎神論的な見方のなかにおいてのみ、コーラの理論はその究極的な真理を見いだす。そして、裏返せば、コーラの理論のうちにみずからの立脚点を置いた場合にのみ、汎神論はその真正の比類のない意味を獲得するのである。

28

言い表しうるものは、十四世紀にリミニのグレゴリオとともにたんに一時的なものではない復活を見ることとなる。哲学者も神学者も、認識の対象は命題（そのなかで認識が表現されるところの知性的な言語叢）なのか、それとも魂の外にある（extra animam）実在なのかをめぐって議論してきた。この偽りの選択肢を構成する二つの項のあいだに、グレゴリオの天才は第三の項を挿入する。認識の真の対象は――ひいては、言語活動のなかで問題となる真理は――命題（enuntiatum〔言表されたもの〕）でもなければ知性の外に存在する対象でもなく、enuntiabile〔言表しうるもの〕であり、あるいは命題の complexe significabile〔全体として意味表示しうるもの〕である。そしてその特別の存在様式を彼は〈ある〉と〈ない〉の対立、知性と知性の外にある実在の対立を超えたところで定義しようと努めるのだった。アリストテレスは『カテゴリー論』の一節（一二b五―一六）で、肯定と否定（たとえば、「彼は坐っている」と「彼は坐っていない」）は言論（λόγοι）であるのにたいして、それらのなかで問題になっている事柄（πρᾶγμα）（それをアリストテレスは「坐っていること」と「坐っていないこと」という不定法で表現している）は言論ではないと書いていた。この一節を註解して、そこからグレゴリオは、真であるとか偽であるとかというのは命題ではなく、実在する事物でもなくて、言表しうるもの、あるいは意味表示しうるものである、という帰結を演繹する。そしてそのことをアリストテレスの手本にならって「驢馬のような愚か者であること」と「驢馬のような愚か者ではないこと」という不定法の命題でもって表現している。

ここで決定的なのは、グレゴリオがこの第三者の存在をとらえるさいにとっている把握の仕方である。この第三者は命題とも外部の対象とも合致しないかぎりで、無として立ち現われかねないのだ。「その男は白い」という命題において問題になっている「事柄」は――とグレゴリオは示唆する――、「男」という事柄でもなければ「白い」という事柄でもなく、また繫辞を介してのそれらの論理的接合でもなくて、「白い男であること」という独特の事柄（res sui generis）なのである。そしてそれは知性のうちにも実在するもののうちにも存在していなくて、なんらかの仕方で現実に存在するのかしないのかといったことを超えたところに存在している。こうして、「神は存在する（Deus est）」という形而上学的テーゼの場合にも、それに対応する「神が存在すること（Deus esse）」という“enuntiabile”（あるいは“complexe significabile”）は、《神とは別の実体（alia entitas quam Deus）ではないが、しかしまた神ではなく、一般的にいってなんらかの実体でもない》のである（『所見』第一部第一問第一項――cf. Dal Pra 1974, p. 146）。

この問題に取り組んできた哲学史家たちがストア派の伝統（この伝統のことはアウグスティヌスの『弁証論』をつうじて中世では知られていなかったわけではなかった）のレクトン（λεκτόν）すなわち言い表しうるものとの用語面で明白なつながりが認められることを明らかにしてこなかったというのは、奇妙である。彼らは、グレゴリオの“significabile”には《外部世界の実体とも項辞ないし命題によって構成されたたんに頭のなかだけに存在する実体とも合致せず、意味表示されるものの世界に場所を与える》まったく特別の存在が含意されている、と言う（Dal Pra 1974, p. 145）。しかし、ここで哲学的意識のなかに再浮上しているものが、プラトンがイデアをつうじてみずからの規矩とし、ストア派が彼らの言い表しうるものによって取りあげなおしてきたのと同じ問題であることに気づいていないのだ。言語活動のなかで表現される真理――そして、それを表現する別の手立てをわたしたちはもっていないのだから、わたしたち言葉を語る人間にとって問題となる真理――は、実在する事実でもたんに頭のなかだけに存在する実体でもなく、《意味表示されるものの世界》ですらない。それはむしろ、ひとつのイデアであり、純粋の言い表しうるものであって、知性的なものと現実的なもの、現実に存在するものと現実に存在しないもの、シニフィアンとシニフィエの不毛な対立を中和化する。そして、他のなにものでもなく、これこそが哲学および思考の対象なのである。

ℵ　何世紀ものち、リミニのグレゴリオの"complexe significabile"はアレクシウス・マイノングのうちに――用語の面からみておそらく最も創意工夫に富む定式化のもとで――ふたたび姿を現す。自分が貴族の家系に属することを隠すためにマイノングという偽名を選択したこのブレンターノの弟子は、《これまで一度も構想されたことのなかった》ひとつの学科、すなわち、《そのもろもろの対象をそれらの存在の個別的な事例に制限されることなしに仕上げる》ひとつの科学を定義しようとする（Mainong 1921, p. 82）。現存在とは無関係（daseinsfrei）で、ひいてはそれらにとっては《その種の対象が生じないことが真実であるような対象が生じる》という公理が妥当するようなひとつの現実の領域を画定する、これらの認識の純粋な対象を指して、彼は《対象的なもの》（Objektive）と呼ぶ。マイノングはしばしば見本として「黄金の山」とか「四角い円」とかいったようなありえない概念を挙げていることは事実であるとしても、彼がすぐれて《対象的なもの》と呼んでいるのは、その内実を彼の中世の先駆者たちと同様、事物のなかにも知性のなかにも置かず、彼が《存在に準ずるもの（Quasisein）》とか《存在の外にあるもの（Außersein）》と呼ぶ無人の土地（noman's land）のうちに置く命題（「雪は白い」とか「青は存在しない」というたような）の内容なのである。言語活動において問題となるのは、存在にも非存在にも属さない《祖国を喪失した》（heimatlos）ものなのだ。

対象の科学は、実在しないものの一般的な科学であるかぎりで、――その考案者が示唆しているように――実在するものの一般的な科学である形而上学を補完すると想定してもよいのかもしれない。そして、それはたしかに、まさに同じころアルフレッド・ジャリが《形而上学に付け加えられるものの学》と定義したパタフィジック（pataphysique）に似ている。いずれにしても、西洋哲学史の最後にいたって、その初期段階で思考のすぐれた対象を定義していたものの生き残りが、哲学史が周辺的な立場に追いやっていたもろもろの観念のうちに探求されなければならなくなっているというのは、意義深いことである。マイノングの《存在の外にあるもの》のうちにも、プラトンが彼のエペケイナ・テース・ウーシアス ἐπέκεινα τῆς οὐσίας〔存在の彼方〕に託していた意向の、弱くて低い、そしてたぶん無意識のこだまがたしかに反響しているのだった。

序文を書くことについて

プラトンは、『第三書簡』（三一六A）で、自分は《法律の序文にまじめに専念していました》と言明している。これが正真正銘の文字に書き記す活動であったことは、彼が直後に《聞くところによると、その後あなたがたのうち数人の者がこの序文を改訂したとのことですが、二つの部分［わたしが書いた部分と他の何人かが改訂した部分］のいずれがいずれであるかはわたしの性格を判断できる人には明らかでありましょう》と付言していることから明らかになる。『第七書簡』では、プラトンは哲学的な議論を文字に書き記そうとするあらゆるこころみにたいしてからかい半分の疑念を投げかけていることをかんがえるなら（その疑念は彼の対話篇にも及びうるものであった）、彼がそれらの序文を（その作成者は、彼が示唆しているように、見紛いようもなく彼自身であった）長い人生のなかで産み出した数少ない真面目な書きもののひとつである、と確信していたということはありうることである。これらの書きものは、残念ながら、その後散逸してしまった。

プラトンは、最晩年の著作のひとつである『法律』のなかで、ノモス（νόμος）という語には二つの意味（《神を讃えて歌われる音楽》と《法律》）があることに触れたのち、法律の序文の問題に立ち戻っている（このことからはプラトンのあの書簡が本物であったことがうかがわれる）。《いっさいの言論、音声の関係しているすべてのものには》と「アテナイからの客人」と名指されている対話篇の人物は述べている、《序文（προοίμια）、つまり一種の準備体操（ἀνακινήσεις）のようなものがそなわっています》と。《これは、そのあとになしとげられるものを受け入れるのに役立つような、それぞれの技術にかなった（ἔντεχνον）一定の心構えをつくるものなのです。竪琴に合わせて歌われる、いわゆるノモスにも、あらゆる音楽にも、驚くほど念入りに仕上げられた序曲がついています。ところが、わたしたちが政治にかかわるノモスと言っている、真にその名に値するノモス［すなわち法律］には、あたかもそんな序文は本性にそぐわないとでもいうかのように、だれひとりとして、なんらの序文を先に置いたこともなければ、それを作成しておおやけにした人もありません。しかし、いまわたしたちが交わしてきた会話は、そういうものがじっさいに存在していることを示しているように、わたしにはおもわれます。また、わたしには二倍と見えていた、いま話題となった法律［自由人のためにつくられた法律］にしても、単純に長さが二倍というのではなく、法律と法律の序文という二つの要素でできているのだとおもわれます。わたしたちが自由人ではないと呼んでいる医者の処方にたとえてきた僭主的な命令（ἐπίταγμα）の部分は、まさしく純然たる（ἄκρατος 混じりけのない）法律にあたります。そして、それよりも前に登場していて、わたしたちが説得的（πειστικόν）な要素と呼んできた部分は、たしかに説得に役立ってはいますが、しかしまた言論のなかでなされる前置きの役割をもっています。なぜなら、立法者が説得しようとしておこなうこの言論のすべては、立法者が法律を差し向ける相手が立法者の命令、すなわち法律を、心を開いて受け入れるようにするという目的のためになされたようにおもわれるからです。したがって、この部分は法律の本文（λόγος）ではなくて序文（προοίμιον）をなしていると呼ばれるのが正しいことになるでしょう。［……］立法者たる者は、法律の全体の前に、また個々の法律ごとにも、序文をつけるよう配慮すべきです。そうすれば、わたしたちがいましがた話した二つの法律のあいだに違いがあるように、法律が互いに違っていることがわかるでしょうから》（七二二D―七二三B）。

言論一般（《音声の関係しているすべてのもの》）および音楽のノモスに触れられていることから、プラトンがここで序文にあてがっている特別の身分は狭い意味での立法の範囲を超えたものであるらしいことがうかがわれる。これはすぐあとで「アテナイからの客人」〔正しくは対話相手のクレテ人のクレイニアス〕が続く対話全体をひとつの序曲として提示するときに少なくとも示唆しているようにみえることである。《わたしたちはもうこれ以上、ぐずぐずしながら時を費やしないようにしましょう。むしろもう一度本題に立ち戻って、あなたさえよろしければ、さきほどあなたが序文をつくるという意図は毛頭ないままに話しておられたあの箇所から始めましょう。そうして、――ちょうど遊戯をしている者たちが口にしているように、「二度目は一度目よりもうまくいく」と信じて――もう一度初めからやりなおそうではありませんか。ただし、さきほどのように、思いつくままに本文を繰り出すのではなく、序文をつくるという目的をもってです。わたしたちは序文でもって始めているのだという同意のうえに立って、初めからやりなおしましょう》（七二三D―E）。これまで展開されてきた会話がすでにじっさいには序文にすぎなかったのだとしたなら、いまや目的は意識して序文をつくることなのだ。思いつくままに本文を繰り出すのではなくてである。

プラトンによると、良き法律の場合には、序文と狭い意味での本文《ロゴス》（命令）とが区別されているべきであるように、およそいっさいの人間の言述行為《ディスクール》の場合にも、序文にあたる要素を本来の意味での言述的ないし規定的な要素から区別することが可能である。人間の話すあらゆる言葉は序文（προοίμιον）であるか本文（λόγος）であるか、説得であるか命令であるかのどちらかであって、話すときには、時と場合によって、二つの要素を混ぜ合わすか、区別したままにしておくのが適切ではないかとおもわれる。

もし人間の言語活動が相異なる二つの要素でできているとするなら、哲学的なディスクールはそれらのうちのどちらに属しているのだろうか。「アテナイからの客人」の言葉（《本文ではなくて序文をつくる》）は、対話篇『法律』――ひいては、おそらくプラトンがわたしたちに遺した対話のそれぞれ――は単純に序文とみなされるべきであるということを留保なく示唆しているようにみえる。純然たる（ἄκρατος 混じりけのない）法律、すなわち序文のついていない法律が僭主的であるように、序文がついていなくて、理論を定式化しただけのディスクールは、たとえそれらの理論が正しい場合でも、僭主的である。このことは、プラトンが真実の理論や意見を表明するのを嫌って、論理的議論よりも神話に訴えるほうを好んだ理由を説明してくれるかもしれない。哲学の言葉はその本質かつ組成からして序文的である。それはあらゆる人間のディスクールのうちに存在しているのがみられるはずの序文的な要素である。しかし、法律の序文が法律の規範的部分――もろもろの規定と禁止条項――の前に置かれていてその導入役を務めているとするなら、哲学の言葉はなにでもって序文を構成するのだろうか。

近代の研究者たちがふたたび取りあげてきた言い伝えによると、プラトンのアカデメイアでは、プラトンの大衆向けの諸著作――対話篇――とならんで、彼が確言的な形態で定式化していたという秘教的な学説が流布していたという。この見方からするなら、わたしたちが知っている対話篇は研究者たちが必然的にディスクールの形態で再建しようとこころみている秘教的な学説への序文および導入とみなせることになるだろう。しかしながら、プラトンが『法律』で言っていることがまじめに受けとられるべきであるとするなら、すなわち、序文をつけるということが哲学の本質に属することであるとするなら、そのときには、彼が胸中深くに抱懐していた学説を確言的な形態で定式化していたなどというのはおよそありえないことである。秘教的な学説も——そのような学説がじっさいに存在したとしての話であるが——序文の形態をとっていたにちがいないのだ。ごく親しい者たちにあてて自分の思想を開陳するために書かれた私信——『第七書簡』——のなかで、プラトンは自分がほんとうに心に抱懐していることを学知の形態で書き記したり、あるいは口頭で人々に伝達したりできるということをきっぱり否定しているだけでなく、なぜこういったことが不可能であるか、その理由を説明するために彼がこの時点で導入している哲学的余談（これを彼は《真実を語った話》と呼んでいるが、しかしまた《説話もしくは逸話（μῦθος καὶ πλάνος）》とも呼んでいる）は、論証的なところのほとんどうかがえないかたちで定式化されている。このために、この書簡はいつも決まって——間違っているか当たっているかはともかく——格別に晦渋な神秘的テクストとみなされてきたのだった。

したがって、哲学の言葉が序文的なものであるということは、それが序文のあとにやってくる哲学的ディスクールへと送付するということを意味しているのではなく、言語活動の本性そのものにかかわっている。それがこのうえなく真剣な問題に取り組むために呼び出されるたびごとに露呈せざるをえなくなるその「脆弱さ」（《言葉というものにそなわる脆弱さ（διὰ τὸ τῶν λόγων ἀσθενές）——プラトン『第七書簡』三四三Ａ一》）にかかわっているのである。すなわち、哲学とはもっと哲学的な別のディスクールへの序文ではなく、いわば言語活動そのものおよびその脆弱さへの序文のことなのだ。だが、まさにこのために――すなわち、序文という本来の言語的内実を思いのままに使っているかぎりで――、哲学的ディスクールは言語活動に反対して言い表しえないものの肩を持とうとする神秘的ディスクールではない。哲学というのは非哲学的ディスクールに序文としてふるまわせてその不十分さを明らかにしてみせようとするディスクールにほかならないのである。

哲学的ディスクールは本来序文的なものであるというテーゼをプラトンが置かれていたコンテクストを超えて展開してみよう。哲学はあらゆるディスクールを序文の位置へと運んでいくディスクールである。一般化して言うなら、哲学は言語活動のうちの序文的な要素と一体化していて厳格にその要素にとどまりつづけている、と言うことができるのかもしれない。すなわち、本論や命令に移行し、まじめにテーゼや禁止条項を言明するのを回避するのである（パウロが『ローマ人への手紙』のなかで律法の「命令」――エントレー ἐντολή――を批判しているのは、法律を命令から純化してその序文的な、つまりは説得的な本性に立ち戻らせようとするひとつのこころみとみることができる）。プラトンが説話や反語を頻用しているのは、この見方のもとで理解されなければならない。それは真実を抱懐しているあらゆる人間のディスクールが必然的に序文の性質を有していることを、語り手と聴き手の双方に想い起こさせる。或るディスクールのなかの哲学的要素は、この自覚の存在を、真実そのものを問いに付す懐疑主義の意味においてではなく、言表されつつあるものの必然的に序文的で準備的な性格にとどまりつづけようとする確固たる意志という意味において証言しているのである。

　しかしまた、序文も、念には念を入れてみずからの限界内にとどまりつづけようとどれほど努めていても、最後には、その不十分さを露呈せざるをえなくなる。しかも、このことは、それが本来予備的なものであること、ひいてはことがらの性質上未完結であることと符合している。このことは『法律』の最後で明々白々になる。対話は都市の構成と市民たちの生活のあらゆる細部について論じたのち、最も重要なことがまだなされないままになっているとの自覚をともなって締めくくられている。晩年のプラトンに特徴的な所作にしたがって、このテーゼは諧謔と言葉遊びからなる皮肉をこめた形態で定式化されている。《これらの事柄については》と「アテナイからの客人」は説明している、《会議が設立されないうちは、まだその規則を定めることはできません。会議が設立されたときにのみ、だれが最高の決定権限をもつべきかを定めることができるでしょう。これらの事柄を準備することにかんしての研究は、多くの会合（πολλὴν συνουσίαν ——これは『第七書簡』が真理の達成の条件を要約するさいに用いているのと同じ言葉である）がもたれたあとではじめて、上首尾におこなうことができるのです。〔……〕けれども、この議論にかんすることはすべて語りえないもの（ἀπόρρητα）であると言うのは正しくないのではないでしょうか。それらはむしろ、まえもって語ることはできないもの（ἀπρόρρητα）なのです。というのは、そういったことをまえもって語ってみても、いま話題になっていることはなにひとつ明らかにはならないからです》（九六八C―E）。

対話が序文的な性質のものであることがこうしてふたたび強調されている。しかし、同時に、あとにやってくる言述――すなわちエピローグ――だけが決定的な言述であると主張されている。哲学はその組成からして序文的であるが、しかしまた、哲学がかかわるのは語りえないものではなくて、まえもって語ることはできないもの、序文のなかでは語ることのできないものである。すなわち、ほんとうに哲学的な目的に適っているのはエピローグだけである、というわけなのだ。序文はエピローグに変容させられなければならない。プレリュード〔前奏曲〕はポストリュード〔後奏曲〕に変容させられなければならない。しかしながら、いずれにしても、ロゴス（λόγος〔本論〕）は不在である。ルドゥス（ludus〔本奏〕）はなされないままに終わらざるをえない。

哲学者が書いているすべてのこと――わたしが書いてきたすべてのこと――は、書かれていない作品への序文、あるいは――結局は同じことであるが――ルドゥスが不在のポストリュード以外のものではない。哲学的エクリチュールは序文的あるいはエピローグ的な性質をもたざるをえない。おそらく、このことは、哲学的エクリチュールが関係しているのは言語活動をつうじて語りうるものとではなくて、ロゴスそれ自体、言語活動が言語活動として生じるという純粋の事実とである、ということを意味している。言語活動において問題となっている出来事は、予告したり、いとまを告げたりできるにすぎず、けっして語られることはない（それは語りえないということではない。語りえないということはただたんにまえもって語ることができないということを意味しているにすぎない。それはむしろ、もろもろのディスクールが生じるということ、人々が互いに語りあうのをやめないでいるという事実と符合する）。言語活動について語りうることといえば、前置きか傍注にすぎない。そして哲学者たちは、前者を好むか後者を好むか、思想の詩的なモメントに執着するか（詩はつねに先触れである）、それとも、最後に竪琴を手にして観想する者の所作に従うかに応じて区別される。いずれにしても、観想されるものは語られないでいるものであって、言葉からいとまを告げることは言葉を予告することと一致する。

付録

詩歌女神《ムーサ》の至芸——音楽と政治

1

哲学は今日、音楽の改革としてのみ生じうる。ムーサたち〔詩歌女神たち〕の経験、すなわち言葉の起源と生起の経験を音楽（musica〔μουσική（τέχνη）（ムーサたちの技芸）が原義〕）と呼ぶとするなら、そのときには或る社会および或る時代において音楽は人々が言葉の出来《しゅったい》とのあいだに形成する関係を表現し統御していることになる。じっさいにも、この出来《しゅったい》——すなわち、人間を言葉を語る存在として構成する原・出来《しゅったい》——については、言語活動の内部では語ることができない。それはただムーサ的ないし音楽的に呼び起こし記憶にとどめることができるにすぎない。ムーサたちは、ギリシアでは、この言葉の出来《しゅったい》の本源的な分節化を表現していた。言葉の出来《しゅったい》は、それが到来するなかで、九つの形態ないし様態に分割される。そして、言葉を語る者がそれらの形態ないし様態を超えて始原へとさかのぼっていくことは可能とはされていない。この言葉の本源的な場所に接近することの不可能性が音楽なのだ。音楽のなかでは、言語活動のなかでは語ることのできないなにものかが表現されるようになる。音楽を作ったり聴いたりしてみればただちに明らかになるように、歌はなによりもまずもっては語ることの不可能性を称えたり嘆いたりする。人間を人間として構成する言葉の出来《しゅったい》に接近することの不可能性を——苦しみとともにか歓びとともにか、讃歌としてか悲歌としてか——歌うのである。

א　ヘシオドスの『神統記』において序詞の役割を受け持っているムーサたちへの讃歌は、詩人たちが早くから歌の始まりをムーサ的なコンテクストのうちに置くという問題の所在を自覚していたことを示している。序詞が二重の構造を形成していて、前口上を二度繰り返している（第一行《ヘリコン山のムーサたちから始めよう》。第三六行《ムーサたちから始めよう》）のは、パウル・フリートレンダーが鋭くも指摘しているように（Friedländer 1914, pp. 14-16）、ひとつには、詩人とムーサたちの出会いの未公開のエピソードをそんな出会いのことはまったく予見していなかった伝統的な讃歌の構造のなかに導入する必要性によっているが、それだけではない。このように予期しなかった反復がなされているのには、もうひとつのさらに意義深い理由がある。それは詩人の側からの言葉の獲得そのものにかかわっている。より正確には、陳述の審級をそれが詩人のものなのかムーサたちのものなのか判然としない範域のなかに置いていることにかかわっている。決定的なのは、第二二―二五行である。そこでは――研究者たちも怠りなく注意してきたように――話は突然、第三人称の語りから「わたし」というシフター（最初は対格――με――、そしてそれに続く行では与格――μοι）を含んだ陳述へと移行している。

　彼女たち（詩歌女神《ムーサ》たち）なのだ、かつて（ποτε）、ヘシオドスに、
聖なるヘリコン山の麓で羊らの世話をしていたとき、麗しい歌を教えたのは。

女神たちは、まずもって（πρώτιστα）つぎの話を、わたしに（με）語りたもうた。［……］

ここでは、明らかに、歌を始めるのは否定しようもなくムーサたちであるのに、しかしまた、そのことが詩人によって "Μουσάων ἀρχώμεθα" ——《ムーサたちから始めよう》、あるいはより正しくは、動詞が能動態ではなくて中動態であることを考慮するなら、《始まりはムーサたちから。ムーサたちからわたしたちは開始するのであり開始されるのである》——と告げられるというコンテクストのなかに、陳述の主体として詩人の自我が挿入されている。じっさいにも、ムーサたちは声をあわせて《いま起こっていること、このさき起こること、かつて起こったこと》を語る。そして歌声が《彼女たちの口から疲れも知らず甘美に》流れる（第三八—四〇行）。

言葉のムーサ的な起源と陳述の主観的な審級との対照は、讃歌の残りの部分はすべて（詩全体も、第九六三—九六五行において詩人の側から《ではご機嫌よう、あなたがた》という言葉でもって陳述が再開される箇所を除いて）、九夜ゼウスと結ばれたムネモシュネからムーサたちが誕生したことを物語の形式で報告しており、彼女たちの名前（《クレイオ、エウテルペ、タレイア、メルポメネ／テルプシコラ、エラト、ポリュムニア、ウラニア／そしてカリオペで、この方はみんなのなかで第一等の位にある》（第七七—七九行））を列挙し——この段階では彼女たちの名前はなおも特定の文芸ジャンルに対応していない——、彼女たちと吟遊詩人たちとの関係を描写している（第九四—九七行《じっさいにも、ムーサたちと遠くまで矢を射るアポロンから／吟遊詩人や竪琴弾きは出てきたのだ／［……］／幸いなるかな、ムーサたちの愛でたもう人よ／その人の口からは甘美な歌が流れ出る》だけに、なおのこと際立つ。

言葉の起源はムーサ的に——すなわち音楽的に——規定されている。そして語る主体——詩人——は事あるごとにみずからの始まりが問題的なものであることに決着をつけなければならない。たとえムーサが古代世界においてもっていた文化的意義を失ってしまっているとしても、詩の地位は今日でもなお、どのようにすれば詩人が言葉を獲得するさいに逢着する困難に音楽的形式を与えることに成功するのか、ということにかかっている。すなわち、どのようにして、もともとは自分のものではなく、声を貸し与えるにすぎない言葉を自分のものにするにいたるのか、ということにかかっているのである。

2

ムーサが歌い、人間に歌を与えるのは、言葉を語る存在がみずからの死活にかかわる住まいにしてきた言語を完全に自分のものにすることができないでいることをムーサが象徴しているからである。この言語への疎遠さは人間の歌をほかの生物たちの歌から切り離している距離を印しづけている。音楽が存在していて、人間がたんに言葉を語るだけにとどまっていなくて、歌う必要を感じているのは、言語が彼の声ではないからであり、彼が言語を彼の声にすることができないまま、言語のなかに住まっているからにほかならない。歌うことによって、人間は彼がもはやもっていない声、そして『パイドロス』における蟬の神話が教えているように、人間であることをやめて動物に変身してはじめて取り戻すことのできるような声を讃美し記念する（《ムーサたちが生まれて、この世に歌というものがあらわれるや、当時の人間たちのうちの何人かは、歌うことの楽しさに、食べることも飲むことも忘れ、自分でそれと気がつく間もなく死んでいった。これらの人間たちから、蟬の種族は生まれたのだった。［……］》——プラトン『パイドロス』二五九B—C）。

このために、音楽には、言葉よりももっと前に、必然的に情緒的な調べが対応しているのである。ドリス調における均衡がとれ、勇敢で、確固とした調べとか、イオニア調やリュディア調における哀れっぽくて柔弱な調べなど（プラトン『国家』三九八E—三九九A）。そして、特記されることにも、二十世紀の哲学の傑作『存在と時間』においてもなお、世界への人間の本源的な開かれは合理的な認識と言語をつうじてではなく、なによりもまずもってはシュティムング Stimmung（情緒的な調べ〔気分〕）のなかで起きているのであって、その語自体、聴覚的な領域へとわたしたちを送り届けるのである（“Stimme”は「声」を意味する）。ムーサ——音楽——は、人間とその言語、音声と言葉の分裂を印しづけている。世界への原初的な開かれは論理的なものではなくて、音楽的なものなのだ。

ℵ　ここから、プラトンとアリストテレス、しかしまたダモーンのような音楽の理論家たちや立法者たち自身も、音楽と言葉を切り離さないようにする必要性があると執拗に主張することとなる。《歌のうち言葉にかんするかぎりのことは》とソクラテスは『国家』(三九八D)で論じている、《歌われない言葉(μὴ ᾀδομένου λόγου)の場合と少しも違わず、同じ規範にしたがって語られなければならない》と。そしてその直後に、《調べとリズムは言葉に従わなければならない(ἀκολουθεῖν τῷ λόγῳ)》という公理を断固とした口調で言明している。しかしまた、《歌のうち言葉にかんするかぎりのことは》という言い回し自体が、歌のなかにはなにか言葉に還元できないものがあるということを含意している。また、音楽と言葉が切り離せないことを認可するにあたっての力の入れようからは、音楽が切り離しうるものであるという自覚がうかがえる。まさに音楽は言葉の本源的な場所の疎遠さを印しづけているのだから、音楽が言語活動にたいしてみずからの自立性を誇示しようとする傾向にあることは完全に了解できる。しかしまた、同じ理由で、音楽と言語活動を結びつけていた絆を完全に断ち切ってしまわないようにしようという配慮がなされているのも了解できることである。

じっさいにも、ギリシアでは、紀元前五世紀の終わりと四世紀の最初の二、三十年のあいだに、メラニッピデス、キネシアス、フリニデス、そしてとりわけミレトスのティモテオスの名前と結びついた音楽様式のまがうかたなき革命が起きていた。言語体系と音楽体系のあいだに生じた亀裂はしだいに治癒しがたいものになっていき、紀元前三世紀には音楽がついに言葉を凌駕するにいたる。しかし、すでにエウリピデス〔紀元前五世紀の詩人〕の悲劇において、アリストファネスのような注意深い観察者は『蛙』においてそのパロディを作りあげたさい、メロディが韻文詩における韻律的な支えに従属していた関係がすでに覆されていることに気がついていた。アリストファネスのパロディにおいては、音節にたいして音符を倍増させるというやり方が“εἱλίσσω”（回転する）という動詞を“εἱειειειλίσσω”に変容させることをつうじて効果的に表現されている。いずれにしても、哲学者たちの執拗な抵抗にもかかわらず、アリストクセノスは、彼の音楽にかんする著作のなかで、彼自身アリストテレスの生徒で、新しい音楽によって導入されたもろもろの変化には批判的であったものの、もはや詩歌の基礎に韻脚という音素論的な単位を置くことはせず、彼が《第一次的時間》（クロノス・プロートス χρόνος πρῶτος）と呼ぶ、音節とは独立した純粋に音楽的な単位を置いている。

もし音楽史の平面においては哲学者たちの批判は（これは何世紀ものちになってカメラータ・フィオレンティーナ〔十六世紀にオペラの誕生に貢献したフィレンツェの人文主義グループ〕とヴィンチェンツォ・ガリレイ〔一五二〇ごろ―一五九一。イタリアのリュート奏者、作曲家、音楽理論家。天文学者ガリレオ・ガリレイの父〕によってギリシアの古典的モノディ〔単旋歌〕が再発見され、カルロ・ボッロメーオ〔一五三八―一五八四。貴族出身の聖職者。二十二歳で枢機卿に任命され、その後ミラーノ大司教に登用された〕が《歌は節度を守って、言葉が理解できるように》という有無をいわさぬ規定を与えるなかで反復されることとなった）あまりにも保守的でしかありえないものであったとするなら、しかしまた、ここではむしろ、彼らが反対した深い理由のほうがわたしたちには関心がある。その理由については彼ら自身つねに自覚していたわけではなかったのだ。もし音楽が、今日起きているように見受けられるように、言葉との必然的な関係を断ち切ってしまうとしたなら、そのことは、一方では、それが本来ムーサ的な性質のものである（すなわち、それが言葉の本源的な場所のなかに置かれている）という意識を失ってしまったことを意味しており、他方では、言葉を語る人間が、自分がすでにつねに音楽的に配置されていることが言葉のムーサ的な場所に接近することができなくなっていることとその組成からして関係があるということを忘れてしまったことを意味している。ホモ・カネンス（homo canens〔歌を歌う人間〕）とホモ・ロクエンス（homo loquens〔言葉を話す人間〕）はそれぞれ別の道をたどるようになり、両者をムーサに縛りつけていた関係の記憶を失ってしまっているのである。

3

この意味において、もし言葉への接近がムーサ的に規定されているとするなら、ギリシア人にとっては音楽と政治とがつながっていることがあまりにも明白であって、プラトンもアリストテレスも音楽の問題を政治にささげた著作のなかでのみあつかっているほどであることも了解される。彼らがムーシケー μουσική と呼んでいたもの（そこには詩歌、本来の意味での音楽、舞踊が包括されていた）と政治との関係はじつに緊密であったため、プラトンは『国家』のなかで《都市の基本的な法律を変えることなしには音楽の様式を変えることはできない》というダモーンの警句に同意することをなしえているのである（四二四C）。人間たちは言語活動をつうじて団結し自分たちの都市の法を組織するのであるが、言語活動の経験のほうは——その起源を捕まえて使いこなすことは可能ではないかぎりで——すでにつねに音楽的に条件づけられている。言葉の無根拠性が音楽の第一位性を根拠づけ、あらゆる言論をすでにつねにムーサ的に調律されたものにする。このために、言語のなかで伝達される伝統や規定をつうじてよりもずっと前から、どの時代の人間たちも多かれ少なかれ意識的に音楽をつうじて政治の教育をほどこされ政治の準備をおこなうようになるのである。ギリシア人は、わたしたちが今日知らないでいるふりをしていること、すなわち、言語活動をつうじてだけでなく、なによりもまずもっては音楽をつうじて社会を操縦し統制することができるということを完全に知っていた。兵士にとっては、らっぱの高く鳴り響く音や太鼓の連打が将校の命令に劣らず、あるいはそれ以上に効果的であるように、あらゆる分野において、そしてあらゆる言論以前のところで、行動と思考に先行する感情や心の状態が音楽的に規定され方向づけられている。この意味では、音楽の状態が（この語のなかにわたしたちが不正確に「芸術」という語で呼んでいるすべての領域を含めるとして）他のどのような指標よりもよく、また他のどのような指標にもさきだって、或る特定の社会の政治的条件を定義しているのである。そして、もしほんとうに都市の制度を変えたいとおもうなら、なによりもその都市の音楽を改革することが必要とされるのである。今日わたしたちの都市をあらゆる瞬間とあらゆる場所で侵略している悪しき音楽は、わたしたちの都市を支配している悪しき政治と切り離すことができないのである。

ℵ アリストテレスの『政治学』が音楽にかんする——あるいはむしろ、市民たちの政治教育にとっての音楽の重要性にかんする——論述で終わっているのは、意義深い。じっさいにも、アリストテレスは、ここでは遊戯（パイディア παιδιά）としての音楽ではなく、教育（パイデイア παιδεία）の必要不可欠な部分としての音楽、すなわち、徳の涵養を目的としているかぎりでの音楽をあつかうと宣言して論述を始めている。《体育が身体の或る一定の性質を産み出すように、音楽は或る一定の性格《エトス》を産み出す》というわけである（『政治学』一三三九a二四）。音楽についてのアリストテレスのとらえ方において中心的なモティーフをなしているのは、それが魂におよぼす影響である。《わたしたちがさまざまな種類の音楽、とくにオリュンポスの歌曲になんらかの仕方で感動して変容させられるというのは、明らかである。これらが魂を熱狂させる（ποιεῖ τὰς ψυχὰς ἐνθουσιαστικάς）というのは万人の認めるところであるが、熱狂というのは魂の性格《エトス》の情動（パトス πάθος）のひとつにほかならない。だれもが、（音楽上の）もろもろの模倣した音を聞いただけで、たとえ言葉がともなっていなくても、リズムとメロディのおかげで、熱狂した心の状態になるのである（γίγνονται συμπαθεῖς）》（『政治学』一三四〇a五―一二）。こういったことが起きるのは、とアリストテレスは説明している、リズムやメロディのうちには、怒りや穏和さ、勇気、賢慮その他の倫理的性質に類似したもの（ὁμοιώματα）やそれらを模倣したもの（μιμήματα）が含まれているからである、と。このために、わたしたちがそれらのリズムやメロディを聞くと、魂はそれぞれの音楽様式に対応してさまざまな気分になる。たとえば、混合リュディア様式においては《もの悲しく心の引き締まる》気分になり、ドリス様式においては《均衡がとれて（μέσως）とても落ち着いた》気分になり、プリュギア様式においては《熱狂的な》気分になる（『政治学』一三四〇b一―五）。こうしてアリストテレスはメロディの倫理的、実用的、熱狂的様式への分類を受け入れたうえで、青年たちの教育のためにはドリス様式を推奨している。ドリス様式は《最も落ち着いていて》（στασιμώτερον）男性的な性格を有している（ἀνδρεῖον）というのだった（『政治学』一三四二b一四）。すでにプラトンもおこなっていたように、ここでアリストテレスは音楽の政治的意義をそれが魂のなかに秩序をうち立てる（あるいは逆に魂のなかに混乱を引き起こす）能力があることに見てとっていた古くからの言い伝えに言及している。もろもろの原典資料がわたしたちに報告しているところによると、紀元前七世紀、スパルタが内乱状態にあったとき、神託の示唆を受けて招かれた「レスボス島の歌い手」テルパンドロスが歌によってスパルタに秩序を取り戻したという。同じ言い伝えはロクリスでの内部抗争にさいして招かれたステシコロスについても残っている。

4

プラトンとともに、哲学はアテナイの国家《ポリス》の音楽的秩序づけの批判および超克として確立されることとなる。金属製の指輪が磁石に引き寄せられるようにしてムーサに取り憑かれている吟誦詩人イオンによって体現されたこの音楽的秩序づけは、みずからの知識とみずからの行動を正当化し、《それらについて思考する》ことができないでいるということを含意している。《この石（磁石）は、鉄でできた指輪を引き寄せるだけでなく、さらにその指輪のなかへひとつの力を注ぎこんで、今度はその指輪がちょうど石がするのと同じ作用、すなわち他の指輪を引き寄せる作用をすることができるようにするのだ。その結果、それらの指輪が互いにぶらさがりあって、大きな鎖になる。それらの指輪にとって、この能力はその石に依存しているわけだ。同じようにして、ムーサも何人かの人々を神的な霊感でもって満たす。そして、これらの人々をつうじて、他の同じく熱狂した人々からなる鎖がしっかりとできあがることになるのだ。［……］観衆はあの指輪のうちの最後の輪でしかない。［……］中間はきみという吟誦者で、一方、最初の指輪はほかでもない詩人自身なのだ。［……］そして詩人はそれぞれが特定のムーサに結びつけられているのであって、そのような場合、ぼくらは詩人が「占有されている」と言っている。［……］じっさいにも、きみがホメロスについて言っていることは技術と知識によって言っているのではなくて、神的な運命（テイア・モイラ θεία μοίρα）によって言っているのだよ。［……］》（プラトン『イオン』五三三D―五三六C）。

ムーサのパイデイア παιδεία〔知識〕に反対して、哲学が《真のムーサ》（『国家』五四八B八）および《ムーサの至芸》（μεγίστη μουσική）（『パイドン』六一A）としてのみずからの権利を主張するということは、霊感を超えて、その境域がムーサによって守護され封鎖されている、言葉が出《しゅつ》来《たい》する現場にまでさかのぼっていこうとこころみることを意味している。詩人たち、叙事詩の吟誦者たち、そして一般に有徳なあらゆる人間がテイア・モイラ θεία μοίρα、説明することのできない神的な運命によって活動しているのにたいして、言述と行動をムーサ的霊感やその狂気《マニア》よりももっと本源的な場所において基礎づけることが問題となるのである。

このためにプラトンは、『国家』（四九九D）において、哲学をムーサそれ自体（αὐτὴ ἡ Μοῦσα）（あるいはムーサのイデア――冠詞があとに続く“αὐτός”はイデアを表現するための専門術語である）と定義することができるのだった。ここで問題になっているのは、哲学に固有の場所である。その場所はムーサの場所、すなわち言葉の起源と一致する。そして、この意味では、必然的に序詞的なものであらざるをえない。このようにして言語活動が出来《しゅったい》する本源的な現場に身を置くことによって、哲学者は人間を人間が人間として誕生する場所にまで引き戻していくのであって、この場所から出発してのみ、人間は人間でなかった時代（『メノン』八六A――ὁ χρόνος ὅτ' οὐκ ἦν ἄνθρωπος）を想い起こすことができるのである。哲学はムーサ的な始原を飛び越えて、記憶、ムーサたちの母であるムネモシュネのほうへ向かっていく。そしてこのようにして人間をテイア・モイラから解放し、思考を可能にする。じっさいにも、思考というのは、自分が語っていることを自分で認識することをゆるさないムーサ的霊感の彼方にまでさかのぼっていって、人間がなんらかの仕方でアウクトル auctor、すなわち、自分の言葉および自分の行動の保証人にして証人になるときに開かれる次元のことを指している。

ℵ　しかしながら、決定的なのは、『パイドロス』においては、哲学者の任務は単純に知識にゆだねられているわけでなく、他のもろもろの知識と相似していると同時に相違している、或るひとつの特殊な形態の狂気《マニア》にゆだねられているということである。じっさいにも、この第四番目の種類の狂気――恋《エロス》という狂気――は他の三つの狂気（予言術的な狂気、伝心術的な狂気、詩的な狂気）と同質のものではなく、本質的に二つの特徴によってそれらから区別される。なによりもまず、それは魂の自己運動（αὐτοκίνητον――二四五C）、他のものによって動かされることはなく、このために不死であるということと結びついている。さらに、それは記憶の作用であって、魂がかつて神的な飛翔のなかで見たものの想い起こす（《これはぼくらの魂がかつて見たものの想起（アナムネーシス ἀνάμνησις）なのだ》——二四九C）。そして、この想起こそはそれの本性を定義しているのである（《これが第四の狂気にかんするすべての話の到達点であって、だれかがなにか美しいものを見て真実の美を想い起こすとき、その人はそこにいたりつくのだよ》——二四九D）。これら二つの特徴がそれを他の三つの狂気の形態に対置させる。後者においては、運動の始原は自分の外にある（詩的狂気の場合にはムーサ）。そして霊感は、記憶とともにそれを生み出し語らせているものにまでさかのぼっていくことができないでいる。これにたいして、ここでは霊感を与えるのはもはやムーサたちではなく、彼女らの母、ムネモシュネである。すなわち、プラトンは霊感を記憶へと反転させている。そして、このようにテイア・モイラ、運命を記憶へと反転させたことが、彼の哲学的な所作を定義しているのだった。

　自分自身を動かし、自分自身に霊感を与えるかぎりで、哲学的狂気は（なぜなら、この狂気については《知を愛する者〔哲学者〕の知性のみが翼をもつ》（二四九C）ということが問題になるからであるが）、いわば狂気の狂気である。みずからの狂気ないし霊感を対象とし、ひいてはムーサ的始原の場所そのものに到達する狂気なのだ。『メノン』の最後でソクラテスが、政治的な徳は生まれつき（φύσει）そなわっているものでもなく、教育によって（διδακτόν）伝えることのできるものでもなく、それと気づかないままテイア・モイラによって産み出されると主張するとき、そしてこのために政治家はその徳を他の市民たちに伝達することができないと主張するとき、彼は暗々裡に、哲学を、神的な運命によって存在するのでもなければ知識によって存在するのでもなく、人々の魂のうちに政治的な徳を産み出す能力をもったなにものかとして提示しているのだった。しかし、このことはただ、哲学がムーサの場所のなかに身を置いてムーサに取って代わるということのみを意味する。

その一方で、ヴァルター・オットーは、正当にも《人間の言葉に先行する音声は、事物の存在そのものの一部をなしている、それも事物の存在をその本質とその栄光のなかで露顕したままにしておく神的な啓示として》と指摘したのだった（Otto 1954, p. 71）。ムーサが詩人に贈与する言葉は事物そのものからやってくるのであり、この意味においてムーサは存在の自己開示と自己伝達以外のなにものでもない。このためにムーサを描いた最古の像は、ローマのマッシモ宮の国立美術館に展示されているすばらしいメルポメネ女神のように、ムーサをどこからどこまでもすっかりニンフのような姿をした少女として提示しているのである。すなわち、言葉のムーサ的始原にまでさかのぼっていくなかで、哲学者はたんになにか言語的なものとだけでなく、まずもっては言葉が開示する存在そのものと出会うのであり、それをもってみずからの規矩としなければならなくなるのである。

もし音楽がその組成からして言語活動の限界の経験に結びついているとするなら、そして逆に、言語活動の限界の経験が――またこれとともに政治が――音楽による制約を受けているとするなら、そのときには、現代における音楽の状況についての分析は、まさしくこのムーサ的限界の経験こそがそれのなかでは欠如するにいたってしまったということの確認から出発しなければならない。今日では、言語活動はけっしてみずからの限界に突きあたることのないおしゃべりになってしまっている。そして、それが語りえないものと結びついているという意識、すなわち、人間がなおも言葉を話す存在ではなかった時代と密接に結びついているという意識がいっさい失われてしまったように見受けられる。縁《へり》も境界もない言語活動にもはやムーサによって調律されていない音楽が対応しており、みずからの起源に背を向けた音楽に内実も場所ももたない政治が対応している。いっさいが無差別に語られうるようにみえるところでは、歌は消えてなくなり、これとともにムーサ的に歌を分節化する情緒的な調性も消えてなくなる。わたしたちの社会は――そこでは音楽があらゆる場所に熱狂的に浸透しているようにみえるが――、現実にはムーサによって調律されていない（あるいは非ムーサ的に調律された）最初の共同体なのだ。社会全体を一般的な抑鬱状態あるいは無感動状態が覆っているという感じがするのは、言語活動とのムーサ的なつながりが喪失し、その結果である政治の日蝕をひとつの医学的症候群《シンドローム》であるかのように装ったものでしかない。このことは、ムーサ的なつながりが言語活動の限界との関係を見失ってしまって、もはやテイア・モイラを産み出すことをせず、もはや複数のムーサ的な内容にしたがって分節化されることがなく、いわば空を舞っている、一種の真っ白な使命ないし霊感のようなものを産み出しているということを意味している。互いの本源的な連帯の記憶を失って、言語活動と音楽はそれぞれの向かう先が分かれてしまっていながら、それでもなお同一の空虚のなかで結ばれたままになっているのである。

א　哲学が今日、音楽の改革としてのみ生じうるというのは、この意味においてである。政治の日蝕はムーサ的なものの経験の喪失と一体をなしているのだから、政治の任務は今日その組成からして詩の任務である。そして、その任務に芸術家と哲学者はそれぞれの力を結集して当たる必要がある。現今の政治家たちは、なぜ彼らの言語活動も彼らの音楽も非ムーサ的に空を舞っているのかを思考することができないでいる。もしわたしたちが言葉のムーサ的な始原の経験に接近するたびに開かれる空間を思考と呼ぶなら、そのときには、わたしたちはわたしたちの時代について思考することができないでいることをもってわたしたちがみずからを測定するための規矩としなければならない。そして、ハナ・アーレントの示唆するところにしたがって、もし思考がもろもろの空虚な言葉と音響の無分別な洪水を阻止する能力と一致するとするなら、この洪水を堰き止めてそれをそのムーサ的な場所に置き戻すことこそが、今日卓越して哲学の任務となるのである。

訳者あとがき

本書は Giorgio Agamben, *Che cos'è la filosofia?* (Macerata: Quodlibet, 2016) の全訳である。

＊　＊　＊

ジョルジョ・アガンベンは『インファンティアと歴史』(イタリア語初版、一九七八年) のフランス語版 (一九八九年) に「言語活動の経験」と題する序文を寄せている。この序文はその後、同書のイタリア語増補版 (二〇〇一年。邦訳は上村忠男訳『幼児期と歴史』岩波書店、二〇〇七年) にも序文として配されているが、そのなかで《いまだに書かれないままになっている》或るひとつの作品の構想について語っていた。

その作品のタイトルは『人間の声』ないし『エチカ、あるいは声について』であるという。《人間の声は存在するのか。ミンミンというのが蟬の声であり、イーアンというのが驢馬の声であるように、人間の声であるといえるような音声は存在するのだろうか。存在するとして、この音声は言語活動なのだろうか。音声と言語活動、フォーネーとロゴスとの関係はどのようなものなのか。人間の音声のようなものが存在しないならば、どのような意味において人間はなおも言葉を話す動物として定義されうるのか》。こういった人間の声にまつわる問題こそが《いまだに書かれないままになっている》作品の主題をなす、とアガンベンは言うのだった。この問題はすぐれて哲学的な問題であるにもかかわらず、それを哲学はこれまで主題的に提起することをほとんどしてこなかったとの判断に立ってである。

そこでは、『インファンティアと歴史』でくわだてられたインファンティア、すなわち人間がいまだ言語活動をもたないでいる状態についての省察を振り返って、現代思想のさしせまった任務のひとつは超越論的なものの概念を言語活動との関係において定義しなおすことであるとの確認がまずもってなされている。アガンベンによると、カントが超越論的なものの概念を定立することができたのは言語活動の問題をなおざりにしたかぎりにおいてのことであった。これにたいして、今日では、「超越論的」とは、ただ言語活動のみにささえられた経験、そこにおいて経験されるのが言語自身であるような、本来の意味においての「言語活動の経験」をこそ指すのでなければならないという。そしてこのタイプの「言語活動の経験」がインファンティアにほかならないのだった。《そこでは、言語活動の限界は言語活動の外部、その指示対象にではなく、言語活動そのものの経験、その純粋の自己言及性のうちに求められる》。

そのうえでアガンベンは問う、どのようにすれば、ある対象についてではなく、言語活動そのものについて経験するというようなことが可能となるのだろうか、と。そしてこの問いにみずから答えて言う、それはフーコーが《言語がその剝き出しの状態のままに陳列されている》と呼んでいるような《まったく空っぽの次元》――カントにとっての限界概念である《空虚な空間》――に身をさらすことによってしか可能とはならない、と。

ところで、一九七八年に『インファンティアと歴史』が上梓された時点では、そのような超越論的な「言語活動の経験」の場所は、ソシュールのいうラングとパロール、あるいはバンヴェニストのいう記号論的なものと意味論的なものの差異のうちにあるとされていた。そうした差異のなかにインファンティアのままに住まうことをつうじて経験されるものが「言語活動の経験」ということで経験されるものにほかならないと了解されていたのだった。これにたいして、人間の声にかんする彼のまだ書かれていない作品のなかでは、その超越論的経験の場所は、むしろ音声と言語、フォーネーとロゴスの差異のうちに求められるという。この差異こそが動物の声と区別された人間の声の特性であり、ひいてはエチカおよびポリスに固有の空間を開示するというのである。

しかもそのさい、アリストテレス以来の西洋の伝統では、動物の声と人間の声の差異は前者が混濁して不明瞭であるのにたいして、後者は分節化されていて明瞭であるという点にあるとされてきた。そしてその分節化を可能にしているものが文字――グランマタ――にほかならないとみなされてきた。しかし、これにたいして、アガンベンが胸中で温めているまだ書かれていない作品では、音声と言語の差異がエチカおよびポリスの空間を開示することができるのは、まさにフォーネーとロゴスのあいだには分節化が存在しないからなのだという仮説が立てられるという。《声はけっして言語活動のなかに書きとめられてはいない。そして、文字というのは（デリダの思想がつとに明らかにしてくれているように）自己前提と権能の形式そのものでしかない。声と言語活動とのあいだの空間は、カント的意味においての空虚な空間、限界なのだ。人間は、声によってそこに導き入れられることなく、言語活動のなかに投げ込まれているからこそ、〈言語活動の経験〉のなかで、「文法」なしに、この空虚、この音声なき状態にみずから身をさらすからこそ、エートスのようなもの、そして共同体が、彼にとって可能となるのである》。

＊＊＊

これはまたなんとも野心的というほかない構想である。そして読者の期待をいやがうえにも高めてやまないものがある。が、あれから二十五年余りが経過した今日もなお、その作品はいまだに書かれていない。ただ、その間に計画された《ホモ・サケル》のプロジェクトも二〇一五年二月に刊行された『スタシス——政治的パラダイムとしての内戦』（邦訳：高桑和巳訳、青土社、二〇一六年）でもってようやく終止符が打たれた。もっとも、終止符が打たれたといっても、『スタシス』に先だって二〇一四年九月に刊行されたシリーズの最終巻『身体の使用』（邦訳：上村忠男訳、みすず書房、二〇一六年）の「まえおき」によると、探究そのものは《けっして終結することはありえないのであって、ただ放棄されうるにすぎない》とのことであるが——。

そんな事情も手伝ってか、アガンベンはそのいまだに書かれないままになっている作品の主題にこのたびの新著『哲学とはなにか』のなかでどうやらふたたび取り組みはじめたようである。

じっさいにも、アガンベンのこのたびの新著は五本の覚え書きでもって構成されているが、うち第一番目に配されている覚え書き「音声の経験」では、一九八九年の「言語活動の経験」でうち明けられていた《いまだに書かれないままになっている》作品の構想が再度取りあげられている。そしてそこに同じく一九八〇年代に「言語活動の経験」に先だって書かれた三本の覚え書き――「*se――絶対者と性起」（一九八二年）、「事柄それ自体」（一九八四年）、「記憶の及ばないものの伝承」（一九八五年）。いずれもその後『思考の潜勢力』（二〇〇五年。邦訳：高桑和巳訳、月曜社、二〇〇九年）に収録――をも織りこみつつ、議論を新しい方向へ展開していくことがこころみられている。

このように第一番目の覚え書きは、実質上一九八九年のエッセイの"up-to-date"版とみてよいとおもわれるが、議論の新しい方向への展開ということでは、なによりも、文字をつうじて以外のやり方で音声と言語活動の関係を思考することは可能なのだろうかと問うたなかで、プラトンが『ティマイオス』で「コーラ」＝「場所」と呼んでいる、可感的なものと可知的なものとならんで存在の第三の類をなすものに着目しているのが目を惹く。

プラトンによると、コーラは受容器もしくは刻印板のようなものであって、すべての可感的形態に場所を提供するが、けっしてそれらと混ざり合って見分けがつかなくなることはない。それは本来の意味での可感的なものでもなければ、本来の意味での可知的なものでもないが、夢のなかでのように、《感覚作用が欠如しているなかで、さまざまなものが雑多に混ざり合った推論をおこなうことによって》知覚されるようになるのだという。このプラトンの定義を受けて、アガンベンは音声を言語のコーラととらえようとする。そして言う、そのときには、音声は言葉《ロゴス》の生起するなかにあって、わたしたちが言葉《ロゴス》には還元しえないものとして知覚するものであることが明らかになる、と。たえず言葉《ロゴス》に随伴しておりながら、たんなる音でもなければ意味表示をおこなう言述行為でもなく、両者の交差する地点にあって、感覚作用が欠如しているなかで、そして指示対象をもたない推論をおこなうことによって知覚する、《経験しえないもの》であるというのだ。さらには、それは、そのようなものであるかぎりにおいて、けっして言語のなかに書きこまれることのなかった音声であり、文法的エクリチュールが歴史的に伝達されていくなかにあって、執拗に《書きこまれることのできないもの》でありつづけている、とも。ジャック・デリダのコーラ解釈とのあいだにうかがえる微妙な異同を見落とさないようにしたい。

＊＊＊

目を惹くといえば、第三番目の覚え書き「言い表しうるものとイデアについて」でアガンベンが提示しているプラトンのイデアについての解釈も目を惹く。

この覚え書きでは、言い表しえないものではなく、言い表しうるものこそが、哲学がみずからを測定しようとするたびに立ち戻らなければならない問題をなすことが確認されたのち、ストア派のいう「言い表しうるもの」――レクトン――について、それは一般にそうと受けとられてきたような論理学的な概念ではなく、存在論に属する概念であることが明らかにされている。そのうえで、セクストス・エンペイリコスの『学者たちへの論駁』で引用されているストア派の原典資料に出てくる《意味されるものとは、音声によって明らかにされるかぎりにおいての事柄それ自体である》を、「言い表しうるもの」の学説についてのあらゆる解釈の出発点となるべき述言であるととらえるとともに、このストア派の原典資料とプラトンが『第七書簡』で語っている「哲学的余談」とのあいだには注目すべき類似点があることに読者の注意が喚起されている。そして《ストア派はイデアに「言い表しうるもの」を置き換えた、あるいは――少なくとも――イデアの場所に「言い表しうるもの」を置いた》という仮説が提示されている。ストア派のレクトン＝「言い表しうるもの」がプラトンのイデアの換称ではないかという点にかんしては、従来の研究者の見解はおおむね否定的であった。この通説に異が唱えられているのだ。目を惹いた理由である。

なかでも特記されるのは、プラトンの『第七書簡』の「哲学的余談」中にイデアの具体的一例として登場する「アウトス・ホ・キュクロス（αὐτὸς ὁ κύκλος）」＝「円それ自体」という連辞の意味するところについての分析である。

プラトンは、「アウトス＝それ自体」という前方照応的代名詞《アナフォラ》を置くことによってイデアの性質を言語的に表現しようとしている。これをアリストテレスは問題の多い措置と受けとめた。だが、アガンベンによると、アリストテレスにとってはアポリア的なものでしかなかった「アウトス＝それ自体」という代名詞の使用こそが、イデアと可感的事物とのあいだの同名異義的な関係を中和化することを可能にするとともに、プラトンにとってイデアにおいてなにが問題になっていたのかを理解することを可能にするというのだった。

いわく、《代名詞“αὐτός”は（「同じ」という意味で名詞の近くに置かれた場合には）ギリシア語で二つの仕方で構築される。同一性（ラテン語の idem）を表現するか、自体性（ラテン語の ipse）を表現するか、のいずれかである。“ὁ αὐτὸς κύκλος”は「同じ円」（同一性という意味においての）を指し、これにたいして、“αὐτὸς ὁ κύκλος”は、わたしたちがいま明確にしようとしており、プラトンがイデアのために利用している特別の意味においての「円それ自体」を指している。〔……〕ギリシア語の冠詞“ὁ”はもともと前方照応的《アナフォラ》代名詞の価値をもっていて、言われ名指しされたものであるかぎりでの事物を指している。このために、のちになってはじめて、それはアリストテレスが「全体にしたがって（καθ' ὅλου）」と呼ぶ指示作用、たとえば、個々の円と対置された「円なるもの」一般、普遍的な円を指示する価値を獲得することができるようになるのである〔……〕》。

そのうえ、明らかなことであるが、第五のもの、円それ自体（αὐτὸς ὁ κύκλος）は、プラトンが倦むことなく強調しているように、余談のなかで挙げられている三つの要素のどれにも、「円」という名詞にも、その潜在的指示対象（これは定義と同一のものであって、「円」という普遍的な語に対応する）にも、可感的な個々の円（現実に存在する指示対象）にも、関連づけられることはできない。また、それは認識やそこからわたしたちが知性のなかで形成する概念にさえも関係づけられることができない〔……〕

しかしまた、それはたんにそれらと別のものでもない。それは、どんな場合にも四つのもののそれぞれのなかで問題になっていながら、同時に、それらに還元されることがないままになっているものである。すなわち、それをつうじて円が言い表しうるものとなり認識しうるものとなるところのものなのだ。アリストテレスが述べているように、イデアは固有の名前をもたないというのが真実であるなら、しかしながら、それは前方照応《アナフォラ》のおかげで、事柄と完全に同名異義的な関係にあるわけでもない。「事柄それ自体」として、それは事柄をその純粋の言表可能性において意味表示する。名前をそれが事柄を名指す純粋のありようにおいて意味表示する。そのようなものとして、すなわち、それのなかでは事柄と名前とがあらゆる意味表示作用の此方または彼方で分かちがたく共存しているかぎりで、イデアは普遍的なものでも個別的なものでもなく、第三者としてこの両者の対立を中和化するのである》。文献学者・アガンベンの面目躍如といったところである。

また、この第三番目の覚え書きでは、イデアとコーラにかんする問題がふたたび取りあげられるとともに、さらに掘り下げた考察がなされているのも注目される。《アガンベンは進化ではなく深化する哲学者である〔……〕。この哲学者の関心や主張はそれほどまでに一貫しており、私たちが想像するよりははるかに揺らぎがない》と高桑和巳さんは『思考の潜勢力』日本語訳の「編訳者あとがき」で評しているが、この評言はいまの場合にもぴったりあてはまる。

ちなみに、イデアとコーラにかんしては、要請の概念について論じた第二番目の覚え書きでも言及されている。要請は事実の領域とも理念的なものの領域とも一致しない。それはむしろ、プラトンが『ティマイオス』のなかでイデアと可感的なものの中間にあって事物に場所（コーラ）を提供する存在の第三の類と定義している意味での質料である。そしてイデアとはそのあらゆる実現態のうちに未決定のまま残っている要請であり、目覚めを知らない眠りであるというのだった。

＊＊＊

一九八九年のエッセイ「言語活動の経験」は《書かれた作品はすべて、まだ書かれていない作品のプロローグとみなすことができる》という書き出しでもって始まっていた。この書き出しを引き継いでであろうか、「序文を書くことについて」と題された第四番目の覚え書きでは、《哲学はあらゆるディスクールを序文の位置へと運んでいくディスクールである》として、哲学的言述が本性上、序文的ないしプロローグ的なものであらざるをえないことがあらためて確認されたのち、《序文はエピローグに変容させられなければならない。プレリュード〔前奏曲〕はポストリュード〔後奏曲〕に変容させられなければならない》との補正がなされながらも、いずれにしても、本論は不在であることが強調されている。《ルドゥス〔本奏〕はなされないままに終わらざるをえない。哲学者が書いているすべてのこと――わたしが書いてきたすべてのこと――は、書かれていない作品への序文、あるいは――結局は同じことであるが――ルドゥスが不在のポストリュード以外のものではない》というのだった。そして、《おそらく、このことは、哲学的エクリチュールが関係しているのは言語活動をつうじて語りうるものとではなくて、ロゴスそれ自体、言語活動が言語活動として生じるという純粋の事実とである、ということを意味している》との説明が付け加えられている。これはこのたびの新著のタイトルに採用されている「哲学とはなにか」という問いへのアガンベンの直截的な回答と受けとってよいのではないかとおもう。

「まえおき」には、ここに収録されているテクストは《なんらかの仕方で本書のタイトル『哲学とはなにか』の問いに答えたものである》とある。しかし、いままで見てきた覚え書きでは、アガンベンはこの問いに直接答えることをしていない。そうしたなか、ここではめずらしくも、わたしたちは「哲学とはなにか」という問いに直接答えようとした、しかも簡潔にして的を射た回答に出会う。それにしても、《哲学者が書いているすべてのこと——わたしが書いてきたすべてのこと——は、書かれていない作品への序文、あるいは——結局は同じことであるが——ルドゥスが不在のポストリュード以外のものではない》とは！　本文そのものはいつまで待ってもついに書かれることはないということなのだろうか。

＊＊＊

第三番目の覚え書きには、哲学こそ《最高のムーサ的なもの》であり、それどころか《ムーサそれ自体》であるというプラトンの規定を引き合いに出しつつ、哲学的なディスクールの本領はあらゆる言語をムーサ的なものにおけるその始元にまで連れていくことにあると主張したくだりが出てくる。ムーサとはギリシア神話に登場する大神ゼウスと記憶の女神ムネモシュネのあいだに生まれた、ヘシオドスの『神統記』によると九柱からなる女神のことで、それぞれが詩歌ないし文芸をつかさどるとされている。

付録「詩歌女神《ムーサ》の至芸——音楽と政治」では、この第三番目の覚え書きでの言及を敷衍したかたちで、《哲学は今日、音楽の改革としてのみ生じうる》との主張がなされている。《ムーサたちの経験、すなわち言葉の起源と生起の経験を音楽と呼ぶとするなら、そのときには或る社会および或る時代において音楽は人々が言葉の出来《しゅったい》とのあいだに形成する関係を表現し統御していることになる》というのだ。ギリシア語の“μουσική”、ラテン語の“musica”をはじめとして、「音楽」を指すヨーロッパ諸語が「ムーサたちの技芸」を原義としていることに着目したところからの主張であるが、これまた、一九八九年のエッセイ「言語活動の経験」のなかで《いまだ書かれていない》とされていた作品の主題として挙げられていて、このたびの新著に収録されている第一番目の覚え書きのタイトルにもなっている《音声の経験》とも密接に関連しており、全体の議論を締めくくるにふさわしい述言である。

と同時に、《今日では、〔……〕縁《へり》も境界もない言語活動にもはやムーサによって調律されていない音楽が対応しており、みずからの起源に背を向けた音楽に内実も場所ももたない政治が対応している。〔……〕わたしたちの社会は——そこでは音楽があらゆる場所に熱狂的に浸透しているようにみえるが——、現実にはムーサによって調律されていない（あるいは非ムーサ的に調律された）最初の共同体なのだ。社会全体を一般的な抑鬱状態あるいは無感動状態が覆っているという感じがするのは、言語活動とのムーサ的なつながりが喪失し、その結果である政治の日蝕をひとつの医学的症候群《シンドローム》であるかのように装ったものでしかない》という、この最後の覚え書きの最後に記されている音楽の現状への悲観的な診断からは、アガンベンの立ち位置がどのあたりにあるのかが透けて見えてくる。このことにも留意しておきたい。

＊＊＊

編集の実務はみすず書房編集部の川崎万里さんが担当してくださった。『いと高き貧しさ』と『身体の使用』につぐ、立て続けの担当である。その熱意にはただただ感嘆するほかない。そしてひと言、「ありがとう」とお礼を述べさせていただく。

二〇一六年十二月

上村忠男

人名索引

ア 行

カ 行

サ 行

ヤ　行

ラ　行

文献一覧

Abélard, Pierre (Abaelardus, Petrus)
1919 *Logica ingredientibus*, in: *Peter Abaelardus philosophischen Schriften*, ed. B. Geyer (Münster: Aschendorff).

Agamben, Giorgio
2005 "La cosa stessa," in: Id., *La potenza del pensiero. Saggi e conferenze* (Vicenza: Neri Pozza).〔ジョルジョ・アガンベン「もの自体」『思考の潜勢力――論文と講演』(高桑和巳訳、月曜社、2009 年)〕

Alexandros Aphrodisiensis
1891 *Alexandri Aphrodisiensis in Aristotelis Metaphysica commentaria*, ed. M. Hayduck (Reimer: Berolini).

Ammonios Hermeiou
1897 *Ammonii in Aristotelis* De interpretatione *commentarius*, ed. A. Busse (Reimer: Berolini).

Arnim, Hans von
1903 *Stoicorum Veterum Fragmenta*, 4 voll. (Lipsiae: Teubner).〔『初期ストア派断片集』全 5 巻(中川純男ほか訳、京都大学学術出版会)、2000-06 年〕

Badiou, Alain
1988 *L'être et l'événement* (Paris: Seuil).

Benjamin, Walter
1963 *Ursprung des deutschen Trauerspiel* (Frankfurt am Main: Suhrkamp).〔ヴァルター・ベンヤミン『ドイツ悲劇の根源』上・下巻(浅井健二郎訳、ちくま書

房、1999 年)〕

Benveniste, Émile

1969　*Le vocabulaire des institutions indo-européennes*, 2 voll. (Paris: Minuit).〔エミール・バンヴェニスト『インド＝ヨーロッパ諸制度語彙集』全 2 巻（前田耕作監修、蔵持不三也ほか訳、言叢社、1986-1987 年)〕

1974　"Sémiologie de la langue," in: Id., *Problèmes de linguistique générale II* (Paris: Gallimard).〔エミール・バンヴェニスト「言語の記号学」『言葉と主体――一般言語学の諸問題』(阿部宏監訳、前島和也・川島浩一郎訳、岩波書店、2013 年)〕

Bréhier, Émile

1997　*Le théorie des incorporels dans l'ancien stoïcisme* (Paris: Vrin).〔エミール・ブレイエ『初期ストア哲学における非物体的なものの理論』(江川隆男訳、月曜社、2006 年)〕

Cherniss, Harold

1944　*Aristotle's Criticism of Plato and the Academy* (Baltimore: The Johns Hopkins University Press).

Courtenay, William J.

1991　"Nominales and Nominalism in XII Century," in: *Lectionum varietates. Hommage a Paul Vignaux*, ed. J. Jolivet, Z. Kaluza, A. de Libera (Paris: Vrin).

Dal Pra, Mario

1974　*Logica e realtà. Momenti del pensiero medievale* (Bari: Laterza).

De Rijk, Lambertus M.

1956　"Introduction," in: Peter Abelard, *Dialectica*, ed. Lambertus M. De Rijk (Assen: Van Gorcum).

Derrida, Jacques

1967　*De la grammatologie* (Paris: Minuit).〔ジャック・デリダ『根源の彼方に――グラマトロジーについて』上・下巻（足立和浩訳、現代思潮社、1972年)〕

Descartes, René

1953　*Correspondance avec Arnauld et Morus*, ed. G. Rodis-Lewis (Paris: Vrin).〔『デカルト全書簡集』全 8 巻（山田弘明ほか訳、知泉書館、2012–16 年）所収〕

Diano, Carlo

1973　“Il problema della materia in Platone,” in: Id., *Studi e saggi di filosofia antica* (Padova: Antenore).

Duhem, Pierre Maurice Marie

1908　*Sozein ta phainomena. Essai sur la notion de théorie physique de Platon à Galilée* (Paris: Vrin, 1990).

1913　*Système du monde. Histoire des Doctrines cosmologiques de Platon à Copernic*, 10 voll. (Paris: Hermann, 1913–1959), vol. 1.

Friedländer, Paul

1974　“Das Proömium von Hesiods Theogonie,” *Hermes*, 49, pp. 1–16.

Heidegger, Martin

1987　*Heraklit* (GA 55) (Frankfurt am Main: V. Klostermann).〔マルティン・ハイデッガー『ヘラクレイトス』（ハイデッガー全集第 55 巻）（辻村誠三・岡田道程・アルフレド・グッツオーニ訳、創文社、1990 年)〕

Koyré, Alexandre

1962　*Du monde clos à l'univers infini* (Paris: PUF).〔アレクサンドル・コイレ『閉じた世界から無限宇宙へ』（横山雅彦訳、みすず書房、1973 年）;『コスモスの崩壊——閉ざされた世界から無限の宇宙へ』（野沢協訳、白水社、1974 年)〕

Mallarmé, Stéphane

1945　*Oeuvres complètes*, ed. J. Aubry et H. Mondor (Paris: Gallimard).〔『マラルメ全集』全 5 巻（渡邊守章ほか編集委員、筑摩書房、1989–2010 年)〕

Meinong, Alexius

1921 "Selbstdarstellung," in: *Die deutsche Philosophie der Gegenwart in Selbstdarstellung*, ed. R. Schmidt (Leipzig: Meiner), B. 1; trad. it. *Teoria dell'oggetto*, a cura di E. Coccia (Macerata: Quodlibet, 2003).

Melandri, Enzo

2004 *La linea e il circolo. Studi logico-filosofico sull'analogia* (Macerata: Quodlibet).

Milner, Jean-Claude

1982 "Anaphore nominale et pronominale," in: Id., *Ordres et raisons de la langue* (Paris: Seuil).

1985 *Libertés, lettre, matière* (Paris: Le Perroquet).

More, Henry

1655 *An Antidote against Atheism* (Appendix) (London: Flesher).

1671 *Enchiridion Metaphysicum: sive, De Rebus Incorporeis succincta et luculenta dissertatio, Pars prima, De Existentia et Natura Rerum Incorporearum in Genere* (Londini, typis E. Flesher, apud Guilielmum Morden, Bibliopolam Catabrigiensem, 1671).

Mugler, Charles

1959 *Dictionnaire historique de la terminologie géométrique des Grecs* (Paris: Klincksieck)

Newton, Isaac

1706 *Optice: sive de Reflexionibus, Refractionibus, Inflexionibus et Coloribus Lucis libri tres*, latine reddidit Samuel Clarke (Londini, impensis Sam. Smith et Benj. Walford).〔ニュートン『光学』(島尾永康訳、岩波書店、1983 年)〕

Otto, Walter F.

1954 *Die Musen und der göttliche Ursprung des Singens und Sagens* (Düsseldorf: Diederichs).〔ワルター・F・オットー『ミューズ——舞踏と神話』(西澤龍生訳、論創社、1998 年)〕

Paqué, Ruprecht

1970　*Das Pariser Nominalistenstatut: zur Entstehung des Realitätsbegriffs der neuzeitlichen Naturwissenschaft* (Berlin: De Gruyter)

Philoponos, Ioannes

1898　*Philoponi (olim Ammonii) in Aristotelis categorias commentarium*, ed. Adolfus Busse (Reimer: Berolini).

Sextos Empeiricos

1842　*Adversus mathematicos* VIII (= Πρὸς λογικούς B), in: *Sextus Empiricus*, ed. August Immanuel Bekker (Reimer: Berolini).〔セクストス・エンペイリコス『学者たちへの論駁 2　論理学者たちへの論駁』(金山弥平・金山万里子訳、京都大学学術出版会、二〇〇六年)〕

Schubert, Andreas

1994　*Untersuchungen zur stoischen Bedeutungslehre* (Göttingen: Vandenhoeck & Ruprecht).

Simplicios

1882　*Simplicii in Aristotelis Physicorum libros quattuor priores Commentaria*, ed. H. Diels (Reimer: Berolini).

Usener, Hermann

1896　*Götternamen: Versuch einer Lehre von religiösen Begriffsbildung* (Frankfurt am Main: Klostermann, 2000); trad. it. *I nomi degli dèi*, a cura di M. Ferrando (Brescia: Morcelliana, 2008).

Wittgenstein, Ludwig

1921　*Tractatus logico-philosophicus e Quaderni 1914-1916*, trad. e introduzione di A. G. Conte (Torino: Einaudi, 1997).〔ウィトゲンシュタイン『論理哲学論考』(野矢茂樹訳、岩波書店、2003 年)〕

1977　*Vermischte Bemerkungen* (Frankfurt am Main, Suhrkamp).〔ルートヴィヒ・ヴィトゲンシュタイン『反哲学的断章――文化と価値』(丘沢静也訳、青土社、1999 年)〕

著者略歴

(Giorgio Agamben)

1942年ローマ生まれ．ヴェネツィア建築大学教授を務めたのち，現在はズヴィッツェラ・イタリアーナ大学メンドリジオ建築アカデミーで教えている．主要著書に《ホモ・サケル》シリーズのほか，『中味のない人間』(1970)『スタンツェ』(1977)『幼児期と歴史』(1980)『言葉と死』(1982)『到来する共同体』(1990)『目的なき手段』(邦訳『人権のかなたに』1995)『イタリア的カテゴリー』(1996)『残りの時』(2000)『開かれ——人間と動物』(2002)『瀆神』(2005)『事物のしるし』(2008)『火と物語』(2014) など．

訳者略歴

上村忠男〈うえむら・ただお〉1941年兵庫県尼崎市生まれ．東京大学大学院社会学研究科（国際関係論）修士課程修了．東京外国語大学名誉教授．学問論・思想史専攻．著書に『ヴィーコの懐疑』（みすず書房，1988）『ヘテロトピア通信』（同，2012）『歴史家と母たち——カルロ・ギンズブルグ論』（未來社，1994）『歴史的理性の批判のために』（岩波書店，2002）『グラムシ　獄舎の思想』（青土社，2005）など．訳書にヴィーコ『新しい学』全3冊（法政大学出版局，2007-08）ギンズブルグ『糸と痕跡』（みすず書房，2008）カッチャーリ『死後に生きる者たち』（同，2013）グラムシ『知識人と権力』（同，1999）アガンベン『残りの時』（岩波書店，2005）『いと高き貧しさ』（共訳，みすず書房，2014）『身体の使用——脱構成的可能態の理論のために』（みすず書房，2016）など多数．

ジョルジョ・アガンベン
哲学とはなにか
上村忠男訳

2017年 1月13日 印刷
2017年 1月25日 発行

発行所 株式会社 みすず書房
〒113-0033 東京都文京区本郷5丁目32-21
電話 03-3814-0131(営業) 03-3815-9181(編集)
http://www.msz.co.jp

本文組版 キャップス
本文印刷・製本所 中央精版印刷
扉・表紙・カバー印刷所 リヒトプランニング

ISBN 978-4-622-08600-0
[てつがくとはなにか]